农民教育培训系列教材

乡村振兴之
产业扶贫带头人

◎ 韦艳梅 刘 彤 唐 勇 主编

中国农业科学技术出版社

图书在版编目（CIP）数据

乡村振兴之产业扶贫带头人／韦艳梅，刘彤，唐勇主编．—北京：中国农业科学技术出版社，2020．4

ISBN 978－7－5116－4648－4

Ⅰ．①乡…　Ⅱ．①韦…②刘…③唐…　Ⅲ．①文化产业－产业发展－关系－农村－扶贫－研究－中国　Ⅳ．①G124②F323．8

中国版本图书馆 CIP 数据核字（2020）第 047557 号

责任编辑　白姗姗
责任校对　贾海霞

出 版 者　中国农业科学技术出版社
北京市中关村南大街 12 号　邮编：100081
电　　话　（010）82106638（编辑室）　（010）82109702（发行部）
（010）82109709（读者服务部）
传　　真　（010）82106650
网　　址　http：//www.castp.cn
经 销 者　各地新华书店
印 刷 者　北京富泰印刷有限责任公司
开　　本　850mm×1 168mm　1/32
印　　张　6．125
字　　数　170 千字
版　　次　2020 年 4 月第 1 版　2020 年 4 月第 1 次印刷
定　　价　35．00 元

《乡村振兴之产业扶贫带头人》
编　委　会

前 言

实施乡村振兴战略，是党的十九大作出的重大决策部署，是决胜全面建成小康社会、全面建设社会主义现代化国家的重大历史任务。乡村振兴，摆脱贫困是前提。要实现稳定脱贫，打赢脱贫攻坚战，必须高度重视产业扶贫。产业扶贫不仅是脱贫攻坚和乡村振兴最直接、最有效的衔接点，也是提供就业岗位、拓宽增收渠道的必要途径。为此，全国各地积极开展贫困村产业扶贫带头人培育工作，希望能够充分发挥带头人的引领示范作用，助力打赢脱贫攻坚战。为适应培训，编写了《乡村振兴之产业扶贫带头人》一书。

本书紧紧围绕产业扶贫带头人所应具备的知识进行阐述，主要包括乡村振兴与产业扶贫、乡村产业体系、选择扶贫产业、产业扶贫模式和路径、产业扶贫风险防范、产业扶贫机制创新典型案例、产业扶贫带头人典型案例等内容，具有基础性、实用性和可操作性等特点，希望能够为全国产业扶贫带头人的培训提供参考和借鉴。

由于编写时间仓促，水平有限，书中难免存在不足之处，欢迎广大读者批评指正。

编 者

2019 年 11 月

目　录

第一章　乡村振兴与产业扶贫

第一节　乡村振兴战略

一、乡村振兴战略提出的背景

乡村振兴战略是习近平同志 2017 年 10 月 18 日在党的十九大报告中提出的战略。党的十九大报告指出，农业农村农民问题是关系国计民生的根本性问题，必须始终把解决好“三农”问题作为全党工作的重中之重，实施乡村振兴战略。2018 年 2 月 4 日，国务院公布了 2018 年中央一号文件，即《中共中央国务院关于实施乡村振兴战略的意见》。2018 年 3 月 5 日，国务院总理李克强在《政府工作报告》中讲道，大力实施乡村振兴战略。2018 年 5 月 31 日，中共中央政治局召开会议，审议《国家乡村振兴战略规划（2018—2022 年）》。2018 年 9 月，中共中央、国务院印发了《乡村振兴战略规划（2018—2022 年）》，并发出通知，要求各地区各部门结合实际认真贯彻落实。

以习近平同志为核心的党中央提出“实施乡村振兴战略”这一部署，有其深刻的历史背景和现实依据。党的十八大以来，以习近平同志为核心的党中央坚持把解决好“三农”问题作为全党工作重中之重，出台了一系列强农、惠农、富农政策，推动农业农村发展取得了历史性成就，发生了历史性变革，农民生活水平有了很大提高。但也要看到，当前我国农业竞争力依然不强，农民收入水平依然较低，农村依然普遍落后，最大的不平衡是城乡发展不平衡，最大的发展不充分是农村发展不充分。农村依然是实现全面小康社会最大的短板，农业是实现“四化同步”发展最大的短腿。

中央在这个时候提出实施乡村振兴战略，实际上是在提醒我们：由于中国的特殊国情，由于中国在未来二三十年发展中的一种阶段性特征，我们在现代化的进程中不能忽视农业、不能忘记农民、不能淡泊农村，必须下大力气提高“三农”发展水平。

二、乡村振兴战略的总体要求

党的十九大报告中提出的“产业兴旺、生态宜居、乡风文明、治理有效、生活富裕”是实施乡村振兴战略的总体要求。

1. 产业兴旺

“产业兴旺”是实施乡村振兴战略的核心，是乡村振兴的基础，也是推进经济建设的首要任务。产业兴才能乡村兴，经济强才能人气旺。必须坚持质量兴农、绿色兴农，以农业供给侧结构性改革为主线，加快构建现代农业产业体系、生产体系、经营体系，提高农业创新力、竞争力和全要素生产率，加快实现由农业大国向农业强国转变。从目前来看就是要以推进农业供给侧结构性改革，培训农村发展新动能为主线，加快推进农业产业升级，提高农业的综合效益和竞争力。

2. 生态宜居

“生态宜居”是生态文明建设的重要任务。良好生态环境是农村最大优势和宝贵财富。必须尊重自然、顺应自然、保护自然，推动乡村自然资本加快增值，实现百姓富、生态美的统一。实现生态宜居理念上要实现三大转变，第一个就是要转变发展观念，把农村生态文明建设摆在更加突出的位置；第二个就是转变发展方式，要构建五谷丰登、六畜兴旺的绿色生态系统；第三个就是要转变发展模式，发展模式转变要健全以绿色生态为保障的农业政策。

3. 乡风文明

“乡风文明”是加强文化建设的重要举措，在整个乡村振兴过程中，要特别注意避免过去的只抓经济、不抓文化的问题。换句话说，既要护口袋，还要护脑袋。实现乡风文明主要抓好几件事，第一，要加强农村的思想道德建设，立足传承中华优秀传统文化，增强发展软实力，更重要的是发掘继承、创新发展优秀乡土文化，这不仅是概念，还是产品产业；第二，要充分挖掘具有农耕特质、民族特色、区域特点这样的物质文化和非物质文化遗产；第三，要推行诚信社会建设，要强化责任意识、规则意识、风险意识；第四，要加强农村移风易俗工作，文明乡风、良好家风、淳朴民风；第二，要搞好农村公共服务体系，包括基础设施和公共服务。

4. 治理有效

“治理有效”是加强农村政治建设的重要保障。当前农村人口老龄化、村庄空心化、家庭离散化问题凸显，把夯实基层基础作为固本之策，才能确保乡村社会充满活力。要把乡村社会体系建设问题，作为乡村建设的“牛鼻子”，建立和完善以党的基层组织为核心，村民自治和村务监督组织为基础，集体经济组织和农民合作组织为纽带，各种社会服务组织为补充的农村治理体系。加强农村基层工作、农村基础工作“双基”工作。

5. 生活富裕

“生活富裕”是建立美丽社会和谐社会的根本要求。乡村振兴的出发点和落脚点，是让亿万农民生活得更美好。要让农民平等参与现代化进程，共同分享现代化的成果，一是要拓宽农民的收入渠道，促进农民致富增收；二是要加强农村基础设施建设，基层公共服务水平；三是要开展村庄的人居环境整治，推进美丽宜居乡村建设。

三、乡村振兴战略的重大意义

实施乡村振兴战略，是解决新时代我国社会主要矛盾、实现“两个一百年”奋斗目标和中华民族伟大复兴中国梦的必然要求，具有重大现实意义。

1. 实施乡村振兴战略是实现全体人民共同富裕的必然选择

农业强不强、农村美不美、农民富不富，关乎亿万农民的获得感、幸福感、安全感，关乎全面建成小康社会全局。乡村振兴，生活富裕是根本。实施乡村振兴战略，不断拓宽农民增收渠道，全面改善农村生产生活条件，促进社会公平正义，有利于增进农民福祉，让亿万农民走上共同富裕的道路，汇聚起建设社会主义现代化强国的磅礴力量。

2. 实施乡村振兴战略是建设现代化经济体系的重要基础

农业是国民经济的基础，农村经济是现代化经济体系的重要组成部分。乡村振兴，产业兴旺是重点。实施乡村振兴战略，深化农业供给侧结构性改革，构建现代农业产业体系、生产体系、经营体系，实现农村一二三产业深度融合发展，有利于推动农业从增产导向转向提质导向，增强我国农业创新力和竞争力，为建设现代化经济体系奠定坚实基础。

3. 实施乡村振兴战略是建设美丽中国的关键举措

农业是生态产品的重要供给者，乡村是生态涵养的主体区，生态是乡村最大的发展优势。乡村振兴，生态宜居是关键。实施乡村振兴战略，统筹山水林田湖草系统治理，加快推行乡村绿色发展方式，加强农村人居环境整治，有利于构建人与自然和谐共生的乡村发展新格局，实现百姓富、生态美的统一。

4. 实施乡村振兴战略是健全现代社会治理格局的固本之策

社会治理的基础在基层，薄弱环节在乡村。乡村振兴，治理有效是基础。实施乡村振兴战略，加强农村基层基础工作，健全乡村治理体系，确保广大农民安居乐业、农村社会安定有序，有利于打造共建共治共享的现代社会治理格局，推进国家治理体系和治理能力现代化。

第二节　产业扶贫

一、产业扶贫的内涵

所谓产业扶贫，主要是指在贫困地区或贫困群体中培育可持续发展的产业，通过产业发展让贫困者获得可持续性发展机会的一种扶贫模式。主要包括以下几个重点。

一是产业扶贫以市场为导向，以打通贫困地区、贫困人口与市场的联系为重要手段。关键在于通过建设产业链，在贫困地区延伸产业的功能作用，对接贫困地区农民与生产、技术和市场的联系。产业扶贫强调产业运作的内在机制，通过相似于工业化的组织方式，围绕某种资源、产品或服务，整合技术、生产、管理、市场等各个环节的优势，建立一套完整的经营方式、组织形式及生产链条，实现技术环节—生产环节—营销环节的一体化运作，进而实现从“输血型”向“造血型”的转变，使贫困群体逐渐摆脱贫困。

二是产业扶贫是一定区域内的产业规划和产业发展方式，区域内的产业选择对于产业扶贫至关重要。特色产业是贫困地区脱贫的依托，更是长期稳定脱贫的保证，发展特色产业是提高贫困地区自我发展能力的重要举措。习近平总书记强调指出，“一个地方的发展，关键在于找准路子、突出特色。欠发达地区抓发展，更要立足资源禀赋和产业基础，做好特色文章，实现差异竞争、错位发展”。有些贫困地区自然资源丰富，具有特色产业发展的潜力，但受经济技术发展水平等因素影响，特色产业发展总体水平较低，成为农村贫困人口增收脱贫的瓶颈，资源优势尚未有效转化为产业优势、经济优势，被视为“富饶的贫困”。需要指出的是，特色产业的范畴和选择，要以贫困人口可实施、能融入、有增收为前提，强调适宜、适度、适应性准则，不能超前和玩虚功，更不能脱离实际，甚至犯颠覆性的错误。

三是产业扶贫的目的在于实现贫困人口脱贫增收、贫困地区区域经济发展能力增强。产业扶贫的内涵是通过农业产业化的发展，结合开发式扶贫的政策，通过开发当地的内生性资源，培育农业建设产业化，实现农民自我发展和脱贫致富。目前，产业扶贫发展的主要内容是：在县域范围，培育主导产业，发展县域经济，增加资本积累能力；在村镇范围，增加公共投资，改善基础设施，培育产业环境；在贫困户层面，提供就业岗位，提升人力资本，积极参与产业价值链的各个环节。因此，产业扶贫也是对发展滞后地区的一种政策倾斜。

四是产业扶贫不只是一个静态的扶贫概念，更是一个动态的持续过程。按照产业扶贫的政策设计，从项目设计规划、整合协调、管理实施到最后监督验收，除了发挥地方政府的主导作用以外，龙头企业、农村经济合作组织、贫困农户等也是重要参与主体。推动产业扶贫，并不是一个地区、一个部门的事情，需要各级政府、各个部门通力合作，必须举全社会之力。

五是产业扶贫与扶贫产业两个概念之间既有区别又有联系。两者的区别在于，产业扶贫是动词，侧重描述扶贫的一种方式，而扶贫产业是名词，用于描述某种产业。产业扶贫是一种扶贫方式，一般是为了表达通过发展产业而实现扶贫开发的意思，其更侧重于扶贫开发一系列过程。例如产业扶贫的对象怎么选择，具体的产业怎么选择，是否能够起到带动贫困人口增收的效果等。与产业扶贫对应的概念基本是“五个一批”中的有关概念，例如就业扶贫、易地搬迁扶贫、社保兜底扶贫等。扶贫产业，则是产业的一种表现形式，一般用于描述具体的产业，侧重描述产业的发展方式、经营方式、经济业态等方面。例如，种养殖业是一种扶贫产业，电商服务业也是一种扶贫产业等。产业扶贫与扶贫产业的联系则在于，二者的核心都是在于发展产业，通过在贫困地区发展不同类型的产业，实现贫困地区发展和贫困人口增收。

二、产业扶贫的特征

在中国的扶贫实践中，产业扶贫已经成为较具活力的扶贫模式之一。产业扶贫主要具有下列特征。

一是产业扶贫能够直接带动贫困人口增收，是减贫效果较为直接且可持续的减贫脱贫方式。贫困人口集中分布在农村地区，其收入来源大部分依靠直接的农业生产，产业扶贫通过让贫困户发展种养业，可以直接带动贫困人口增收，是减贫效果较为直接的脱贫方式。此外，贫困人口不仅通过产业扶贫摆脱困境，也积累一定的产业发展经验，为其可持续的脱贫提供支持。所以说，产业扶贫是减贫效果较为直接且可持续的减贫脱贫方式。

二是产业扶贫扩大了贫困人口对经济、政治生活的参与，能够提升贫困人口的内生动力。相对于传统的“给钱给物”救济式扶贫，开发式扶贫就是要帮助贫困地区、贫困人口提高自我发展能力，而产业扶贫始终是扶贫开发的一个重要途径。产业扶贫能够依托区域特色优势产业，实行差别化扶持措施，让贫困群众参与到当地产业发展的过程中，在实现增收致富的同时，广泛参与经济、政治生活，不断提升贫困人口的内生动力。

三是产业扶贫本质上是一种经济活动，具有一定的市场风险。产业扶贫从根本上讲是一种经济活动，具有市场经济属性和产业特点，因此，不可避免地存在市场风险。由于产业扶贫项目选择、项目实施过程中的失误而导致贫困人口贫困程度加深的现象也时有发生，可以说相对其他减贫方式，产业扶贫具有相当程度的市场风险。因此，产业扶贫需要科学规划、合理布局，还需要科学合理的资源配置和投入，重点要规避市场风险，少犯主观主义错误，避免好心办坏事的情况发生。

四是产业扶贫是较为复杂的系统工程，有一定的持续性效应。

产业扶贫的复杂性体现在主客观两个方面：主观上，贫困人口思想观念、劳动能力、致富愿望千差万别，要充分调动贫困农民的生产积极性和主观能动性，改变目前扶贫开发中存在的等、靠、要思想，增强内生发展动力难度大。客观上，特色产业扶贫受地理位置、自然资源、发展水平和技术条件等客观因素影响，产业选择和企业选择难度很大，如何把多重因素匹配好、多种生产要素组合好，具有一定的复杂性。此外，由于农业生产、产业发展的周期较长，其影响往往持续数年，产业扶贫项目往往具有很强的持续性效应，这种持续性又进一步增强了产业扶贫的复杂性。

五是产业扶贫的区域特征明显，其实现的路径多种多样。贫困地区自然条件千差万别，资源禀赋各不相同，发展基础迥然有异；贫困人口分布点多、面广，贫困程度、致贫原因、帮扶需求多种多样。因此，就产业扶贫本身而言，是一个外来先进经济因素深度介入的过程，载体能不能顺利接纳，既要考虑地域差异和群体特性，又要考虑传统习惯和文化因素等，不能简单地克隆照搬。

三、产业扶贫与精准扶贫

1. 产业扶贫与精准扶贫两者的关系

产业扶贫是我国扶贫开发取得减贫成效的主要路径之一，也是贫困户和贫困人口实现脱贫致富的主要手段，而精准到户、因户施策的精准扶贫策略最终的落脚点在于贫困户和贫困人口。一方面，企业通过产业扶贫带动和辐射贫困户和贫困人口，使得贫困户和贫困人口在参与产业扶贫过程中不断掌握提高产业生产工艺技能，实现脱贫致富；另一方面，贫困户和贫困人口娴熟的产业生产技能也会极大地促进企业产品质量提高和产业链延伸发展，为企业创造更大的盈利空间。

（1）精准扶贫成效需要产业扶贫精准。从实施精准扶贫战略来说，第一步就是要做到精准识别，通过对精准识别人口产生贫困的原因进行分类帮扶，重点在于强调扶贫开发的精准性，精准性是扶贫开发工作的本质所在。精准扶贫战略要求产业扶贫应精准到具体的贫困户和贫困人口，针对不同贫困户和贫困人口的产业基础、文化差异、技能差异、年龄差异、性别差异等特殊情况，因户因人实施产业帮扶策略，通过贫困户和贫困人口参与产业扶贫增强内生发展能力，促进贫困户和贫困人口有效、稳定、持续脱贫致富。

（2）产业扶贫精准是精准扶贫内涵的延伸。精准扶贫方略的提出和实施为产业扶贫的发展提供了新的价值取向，就是产业发展要与精准扶贫有效结合，产业扶贫要让贫困户和贫困人口真正受益。产业精准扶贫意味着企业需要运用产业化、规模化、现代化等多种发展方式，精准对接好贫困户和贫困人口，因户因人实现产业扶贫的精准化。例如企业通过金融融资、土地入股、提供就业等有针对性的吸纳贫困人口参与产业运行过程，使贫困户和贫困人口成为企业产业发展的主人，共同承担和分享企业产业发展的风险和红利，实现贫困户、贫困人口的企业发展责任和企业社会责任的有效耦合，从而产生出产业精准扶贫的最大效益。

2. 精准扶贫方略对产业扶贫的新要求

新时期，产业精准扶贫是精准扶贫方略对产业扶贫的新要求。为此，产业精准扶贫需做到“六个结合”与“四个精准”。

（1）产业扶贫需做到“六个结合”。“六个结合”包括产业扶贫与市场规律结合，产业扶贫与区域特点有效结合，产业扶贫与贫困人口有效结合，产业扶贫与绿色生态有效结合，产业扶贫与科学技术有效结合，产业扶贫与创新帮扶方式结合。

①产业扶贫与市场规律结合。推进产业扶贫要明确其经济属性，必须坚持市场导向，要根据各地的资源禀赋以及贫困户的经营能力和脱贫需求，不能不顾实际，盲目一哄而上，引进水土不服的产业。产业扶贫作为一项扶贫举措，政府要发挥主导作用。政府发挥作用的核心和重点是促进产业发展与贫困人口脱贫对接，让贫困

人口从产业发展中受益。必须清楚，产业发展本质上是一种经济活动，要坚持市场导向，遵循市场和产业发展规律。我们可以通过“放管服”，营造有利于产业发展的市场环境。如对贫困农户，要加强信息服务、技术指导、经营培训、资金扶持等，帮助农户了解市场、开拓市场、适应市场。但要充分认识到，政府有能力为农民服务，但没有能力为市场做主。要防止因为强迫命令、包办代替，造成产品滞销，好心办不成好事。

②产业扶贫与区域特点有效结合。产业扶贫与区域特点有效结合的具体路径主要从生产与销售两个方面进行有效结合。首先，产业选择要精准对应区域的特点，要注意小区域与邻近区域间的精准协调，制定有效精准的扶贫产业生产规划。其次，市场销售路径也需精准化。要充分考虑市场销售的可能性与风险性。在生产前就将预生产的产品对接到需要它的市场中去，实现产销一体化，消除中间等待的时间环节，通过精准对接减少成本，精准化减少未知的市场风险，促进产业生产与销售的良性循环和持续发展。

③产业扶贫与贫困人口有效结合。一方面，要有针对性地将贫困人口吸纳到扶贫产业发展链条体系中。在精准识别适合参与扶贫产业的贫困人口的前提下，通过贫困人口的实际情况和脱贫计划，将贫困人口根据实际情况精准恰当地安排到扶贫产业链的各个环节。另一方面，要构建企业盈利与贫困人口获利的产业扶贫利益共享机制。要坚持以贫困人口的利益为核心，形成贫困人口与企业双向利益联结机制，让贫困人口精准共享产业发展的成果，实现企业和贫困人口在产业扶贫中的共同发展。

④产业扶贫与绿色生态有效结合。产业扶贫与绿色生态的结合是当今社会发展的必然趋势。2015 年 11 月，中央扶贫开发工作会议明确要求，打赢脱贫攻坚战，要实现贫困地区的可持续发展，把扶贫开发和绿色增长结合起来，推进绿色减贫。产业扶贫与绿色生态扶贫的有效结合可以依托当地自然资源发展环境友好型、生态友

好型产业，因地制宜；或是对生态基础较差的地区采取生态改善和修复的做法，促进生态环境的有效恢复和保护。

⑤产业扶贫与科学技术有效结合。高新科技是影响产业扶贫效率上限与效率的重要因素。产业扶贫与科学技术的有效结合，首先，需普及应用农业科学技术，加大对贫困地区农户的技术培训力度和加大专业农技人员的培养；其次，要加快加强产业扶贫的高端化进程，即重视新近农业科技的投入，延长产业链，重视附加值高的精加工环节；此外，应注重“互联网+”、大数据等高新信息技术与产业扶贫的结合，如通过电子商务中心、电商平台等多种互联网平台实现各种产业产品线上线下互动销售。

⑥产业扶贫与创新帮扶方式结合。过去一些地方的产业扶贫，由于受益对象不精准，参与产业发展有门槛，导致“扶贫变扶富、获益是少数”的现象时有发生，获利的往往是那些少数有能力、不那么贫困的人，真正需要帮助的穷人反而参与不进去、受益不多。要提高产业扶贫的脱贫成效，必须找准产业项目与贫困户增收的结合点，真正建立起贫困户分享产业发展红利的有效机制。一家一户可以开展的项目，贫困户有能力搞的项目，当然首先要组织建档立卡贫困户来干。不适宜一家一户干的，或者贫困户自己不能干的项目，要通过股份合作、订单帮扶等多种形式，引导贫困户之间、贫困户与普通农户、贫困户与新型经营主体加强联合合作，建立更加紧密的利益结合关系。要积极探索建立贫困户、村集体、龙头企业共同分享集体资源资产收益的长效机制，通过土地托管、扶持资金折股量化、农村土地经营权入股等方式，让贫困农民既可获得产业发展的经营性收入和工资性收入，也可通过股权分红获得长期稳定收益。此外，还可以有针对性地开展贫困农民产业技能培训，充分利用当地产业条件扶贫；利用积极有效的财税金融政策，有针对性地促进产业化扶贫事业的发展；健全科学的产业扶贫绩效考核奖惩机制，精准推动产业扶贫深入发展；加强科技服务，建立

农技服务精准到户机制。

（2）产业扶贫需做到“四精准”。“四精准”包括特色产业选择精准、经营方式精准、支持方式精准和贫困人口受益精准。

①特色产业选择精准。重点支持贫困村发展种养业和传统手工业，大力推进“一村一品”“一乡一业”，宜农则农、宜菜则菜、宜果则果、宜草则草、宜牧则牧、宜林则林，适合什么就发展什么，同时，积极发展休闲农业和乡村旅游等新业态。特色产业精准扶贫具有市场性，产业规模在不同地方、不同产业具有不同的要求，要从经济学角度来考量特色产业发展的规模和质量。

②经营方式精准。这是通过产业发展激发生产经营活力、确保贫困户受益的关键，既事关生产力发展，也涉及生产关系调整。近年来，不少地方都在积极探索，取得较好成效，积累了不少经验，为产业精准脱贫奠定了坚实基础。

③支持方式精准。要注重从产业项目、支撑体系、融资方式三个方面来把握和推进。只有这样，支持才能踩到点上，不会脱轨跑题。

④贫困人口受益精准。这是“四精准”的核心和落脚点。具体来说，就是要做到扶贫对象聚力到户、增收时效有序到户、扶贫资金挂钩到户、考评验收明确到户。

总之，产业选择精准是前提，经营方式精准是保障，支持方式精准是支撑，人口受益精准是核心。“四精准”是一个整体，相互依存，相互促进。只有做到“四精准”，才能完成中央提出的通过产业扶贫实现精准脱贫的战略目标。

四、产业扶贫存在的问题及对策

1. 产业扶贫存在的问题

（1）自然风险和市场风险。目前我国产业扶贫的主导产业还是农业，分布在经济社会发展相对滞后的地区，多数是生态脆弱地区、边疆地区和革命老区，不但生态条件较差，而且生存环境较为恶劣，虽然近几年各级各部门的帮助下，在交通、通信、电力、能源等基础设施建设上弥补了一定的自然缺陷，但是山高、坡陡、箐深、耕地以山地为主且土地产能低，严重影响了农业产业发展。

而农产品市场是个完全竞争的市场，在农业已经市场化和国际化的今天，农产品市场不仅是完全竞争，而且还面对国际市场压力、价格波动大等因素，一旦出现低谷，对农民种植意愿和积极性的影响较大，贫困农户甚至一般的小农户是无法面对市场风险的。在一些地方的产业扶贫实践中，经常发生农产品滞销，导致"谷贱伤农"，使产业扶贫的惠农、增收机制成为逆向的"伤农"、减收机制。

（2）产业发展层次不高。在产业扶贫中，缺乏明显的优势农产品区域布局，农业产业结构混乱，没有突出的主导产业，各个环节没有紧密联系，充分配合，不具备较长的特色产业链条和知名的农产品品牌。在产业发展中，家庭农场的带动作用有限，重点是培育龙头企业和农民合作社，但在多数地区，没有一个实力和带动能力强的龙头企业，特别是大型的龙头企业集团，也很少有规范的合作社。龙头企业多局限在农业产业园区和示范园区里，与农民的利益联结关系不强，合作社的发展也没有形成对贫困户的带动机制，作用有限。对农民来说，小农经济思想根深蒂固，没有对农业进行横向的和纵向的以及深度的扩展。土地经营权和生产要素市场化机制的缺乏，使农业生产只能以家庭为单位，经营规模长期凝固化，形成了农业生产中每个农户分散式的小规模经营，加上农民的市场意识差，参与市场的积极性不高，因此参与农业产业化经营组织的数量也较低，导致农业产业化组织的规模小，竞争力弱。

（3）科技创新能力不足。农业社会化发展较慢，很少有企业与专业组织参与先进的农业技术推广、病虫害统防统治、代耕代种代管和市场信息服务，再加上农村劳动力整体素质偏低，目前农村年纪较轻、有知识、有思想的劳动力很多已外出务工，剩下来在家务农的这部分群众，大多接受新知识、新技术的能力较差，不善于摸索新技术、收集新信息、寻找新项目。农村基层没有相应的软硬件设备来完成信息的收集、处理与传播，缺乏健全的信息网络，农业信息很难进村入户，导致农村信息服务能力较弱，不能较好地转化应用农业科技成果。

（4）资金扶贫力度偏弱。发展产业扶贫离不开资金的支持，如农村小额贷款、财政专项建设资金等，产业扶贫资金的投向往往影响甚至决定产业扶贫的效果，我国大部分贫困地区的农民为了维持自己的生计会进行一定的传统农业，按照自己所在的区域来种植相应的农作物，或者养殖牲畜等，不过由于这部分地区的资金比较匮乏，农民的生产力跟不上，国家每年都大量的拨款来扶持贫困地区的建设，但扶贫资金有限，这部分资金对于扶贫攻坚来说杯水车薪。尽管国家出台了许多相应的扶持政策，贫困农户的生活得到较大改善，但在管理上非常严格，扶贫资金难以顺利的供应，在导致产业发展迟滞，无法持续带动贫困户增收。

2. 产业发展的对策

（1）精准核实扶贫对象。提高兜底扶持比例，继续认真核实贫困农户数据，进一步准确掌握贫困状况，同时，按照农村低保对象直接纳入扶贫对象的规定，建议结合贫困农户精准识别标准，统一细化农村低保对象的评定细则，对以往已经纳入的农村低保对象实行动态管理，建立进退机制，缩短评定时间，同时，针对贫困农户贫困状况，适当提高贫困农户中兜底扶持人口的数量。

（2）加强社会保障模式。强化教育、医疗、养老保险、最低生活保障等一系列扶贫措施，要求政府加大投入力度，完善管理体制和监管体系，并进行制度创新。还可以推进生态移民模式，为了保护贫困地区的生态环境，可以适时地调整政策重心，政府要大力支持，不断扶持后续产业的发展，使移民和当地居民共享一体化的公共服务，必要时向移民倾斜，对移民进行人力资源培训，并出台土地分配、户籍等的配套政策。

(3) 优化产品结构。要按照农业产业化经营的要求，建立起“公司+基地+合作社+农户”的产业化经营模式和“利益共享、风险共担”的利益分配机制，抓好农产品质量，大力发展无公害、绿色、有机食品等绿色生态农产品，为绿色农产品和特色农产品加工企业提供稳定优质的原料；引导涉农企业、产业的集聚，促进农产品加工产业链和块状带状经济的形成，提高农产品加工业的整体水平。

(4) 加大资金扶贫力度，规范扶贫资金。合理安排、管理扶贫资金，要克服惧贷心理，可采取涉农站所或村级组织提供担保的形式鼓励农村信用社等金融部门给贫困农户发放贷款支持产业发展，来促进产业发展，还可以推动财政外资金参与扶贫，鼓励外出创业成功人士自愿捐资，加大产业扶贫成效，持续为贫困户增收，助力贫困户脱贫。

确保产业扶贫资金的可靠性，加强扶贫资金管理机制，确保扶贫资金充分惠及扶贫对象，防范扶贫资金虚报冒领、挪挤占用、滞留沉淀和监管弱化等问题出现，让扶贫资金直接与扶贫对象发生作用，避免扶贫资金在层级分割的行政部门不断下移过程中被挪用，铲除滋生腐败的土壤，最大限度地发挥扶贫资金的作用。

(5) 继续强化贫困农户的教育。帮扶集团、帮扶责任人、驻村工作队要针对建档立卡的贫困农户的不同情况，经常走村入户，帮助分析贫困的原因，探求脱贫的方法。通过交心的办法，帮助贫困农户树立脱贫的信心，动员贫困户积极参加各项知识技能培训，增强自身能力。逐步培养贫困农户的学习精神和合作精神，不断增强他们的致富能力。

(6) 依托自然和人文资源搞活旅游扶贫。旅游扶贫对贫困农户而言是低门槛的扶贫，低门槛主要体现在能就地取材、就地生财等方面，利用贫困户闲置房产，进行简单地改造设计，就能发展民宿旅游取得收益，还可以将土地流转给旅游企业增加收入，就地实现就业，贫困农户不需要背井离乡就能在家门口找到工作，同时旅游业产业链长，提供的就业岗位多，不同文化水平和身体素质的人员都能找到适合自己的工作。

第三节　产业扶贫带头人

一、产业扶贫带头人的概念

关于“产业扶贫带头人”，理论界、权威部门迄今尚未给出一个公认的、比较规范的定义或解释。

虽然“产业扶贫带头人”这一用语没有规范定义，但这并不影响人们对它的广泛使用。显然，当我们谈论农村产业扶贫带头人时，我们所述对象或意会对象并不是指的农村一般人或一般农民，而是指的某类特定人群。对于这类特定人群，我们可以按照约定俗成的意会方式，或采取特征列举法，来描述和界定“产业扶贫带头人”。我们以为，产业扶贫带头人是指具有以下基本特征的特定人群。

1. 农村经济能人

产业扶贫带头人首先是农村中的经济能人，自身能力比较强，综合素质比较高，有知识、懂技术、会经营、善管理，是农村优秀实用人才。一个无知无能或能力低下的人，不可能成功创业，也不可能带领、带动周边的人共同发展、共同致富。需要说明的是，这里着重强调的是“经济能人”特征，因为农村能人除了经济能人以外，还有其他方面的能人，如民间艺人、文化能人等。由于产业扶贫带头人主要是从经济上定义的，所以“经济能人”是他们共有的基本特征之一。

2. 植根于农村的创业创新者

产业扶贫带头人必须是植根于农村或扎根于农村的创业者，他们的事业与当地农村发展、与周边乡亲脱贫致富是紧密联系在一起的，是“接地气”的。这一点很重要。此外，产业扶贫带头人作为创业者，除了具备艰苦创业、勤劳致富等优良品质以外，更重要一点是具有敢为人先、勇于开拓的创新精神。通常认为，长期生活在传统农村社会的人，一般思想比较保守，观念比较陈旧，对新生事物不容易接受，缺乏进取精神，安于现状。而农村产业扶贫带头人恰恰是一些“与众不同”的人，他们勇于创新、勇于开拓，是当地在市场经济中敢于“第一个吃螃蟹”的人。

3. 农村乡贤

产业扶贫带头人必须是受到当地群众尊重的乡村贤人，是社会主义核心价值观的积极践行者。他们品德高尚，遵纪守法，诚实守信，为人正派，处事公道；他们热心扶贫济困，乐善好施，社会责任感强。

4. 当地群众脱贫致富的带动者或引领人

产业扶贫带头人的创业成功之路和脱贫致富经验，在当地群众中产生了较大影响和示范效应，并通过建立一定的经济组织形式和利益联结机制，带领带动当地群众直接参与创业项目，发展生产。增加收入，加快脱贫，共同致富。

基于以上 4 个方面的表述，并根据实施贫困村产业扶贫带头人培育工程的需要，本书将“产业扶贫带头人”界定如下：产业扶贫带头人是指根植于农村创业兴业，领衔发展农村特色经济，带动当地农民特别是贫困农民激发内生动力，发展生产、增加收入、提高能力、加快脱贫，进而走向富裕的农村经济能人或经济引领人。

二、产业扶贫带头人的类型

根据实施产业扶贫带头人培育工程需要，通常我们将产业扶贫带头人分为以下几种类型。

1. 按民事责任主体不同划分

产业扶贫带头人可分为自然人产业扶贫带头人和法人产业扶贫带头人。

也就是说，产业扶贫带头人的“人”，不仅包括自然人，也包括法人。自然人产业扶贫带头人一般指农村专业大户负责人、家庭农场负责人、新型职业农民（包括经纪人）等，他们具有家庭个体经营特征，但尚不具备法人资格。法人产业扶贫带头人包括产业化龙头企业、农民专业合作社、农村小微企业等经过工商注册的企业，它们具有法人主体地位，属于经济实体组织。从人们习惯来看，往往对自然人产业扶贫带头人和法人产业扶贫带头人并不做严格区分，一般认为产业扶贫带头人指的就是自然人，即指产业化龙头企业、农民专业合作社、农村小微企业、专业大户、家庭农场等新型农村经营主体的负责人或领办人。

2. 按是否已成功创业划分

产业扶贫带头人可分为已创业产业扶贫带头人和未创业产业扶贫带头人。

已创业产业扶贫带头人是指已经创办、领办涉农产业（种植业、养殖业、农产品加工业、乡村旅游业、农村服务业等）并获得一定成功或先富起来的带头人。未创业产业扶贫带头人是指有创业愿望并具备创业潜质的潜在带头人，包括村干部、返乡回归青年等。无论是已创业还是未创业，这两种对象都属于产业扶贫带头人培育工程的培养对象。但就培训目标而言，二者侧重点不同，前者侧重于创业能力再提升，后者侧重于创业入门打基础。

3. 按在农村社会中所担任的角色划分

产业扶贫带头人可分为狭义产业扶贫带头人和广义产业扶贫带头人。

狭义的产业扶贫带头人，在农村社会中担任或扮演经济引领人角色。广义的产业扶贫带头人，除了狭义产业扶贫带头人以外，还包括农村基层党组织负责人特别是村党支部书记，他们是带领全村农民群众脱贫致富的核心力量和“领头雁”，在农村社会中担任或扮演着政治引领人角色。狭义产业扶贫带头人即经济引领人，与政治引领人之间存在着一定的交集或重合关系，这意味着有一部分产业扶贫带头人具有双重角色，他们既是经济引领人又是政治引领人，俗称“二合一”产业扶贫带头人或“双重”产业扶贫带头人。从这个意义上来说，产业扶贫带头人由两部分人组成：一部分是狭义产业扶贫带头人；另一部分是“双重”产业扶贫带头人。

三、产业扶贫带头人培育的意义

产业扶贫带头人，是农村先进生产力的代表，是新型农业经营主体的重要组成部分，是带动贫困地区贫困人口加快脱贫致富的骨干力量。在脱贫攻坚中，积极培育产业扶贫带头人意义重大。

1. 贯彻“先富帮后富、携手奔小康”战略思想的重要举措

实现共同富裕，是中国特色社会主义理论的重要组成部分，是社会主义的本质要求，也是践行社会主义核心价值观的必然选择。习近平总书记在全党全国人民齐心协力打赢脱贫攻坚战的关键时刻，提出了“先富帮后富、携手奔小康”的扶贫战略思想，并要求深化扶贫协作，将“帮带”“携手”的对象范围具体化、微观化。不仅省（自治区、直辖市）之间，地区之间结对帮带，而且要实行“县对县、村对村、点对点、人对人”的帮带。大力培育贫困村产业扶贫带头人并充分发挥他们的帮带作用，就是践行习近平总书记扶贫战略重要论述，具体落实“村对村、点对点、人对人”帮带的重要举措，是帮助贫困村、贫困户通过发展生产尽快精准脱贫、奔向全面小康，并进而逐步走向共同富裕的必由之路。

2. 解决产业扶持“最后一公里”问题的关键抓手

“产业扶持脱贫一批”，是实施精准扶贫、精准脱贫方略的重要组成部分。支持贫困村、贫困户发展产业、增收脱贫，国家有政策支持、

有资金扶持、有项目安排。但是在贫困村，靠谁来承接、领办扶贫产业项目？靠谁来解决扶贫产业项目在贫困村、贫困户落地的“最后一公里”问题？从本质上来说，承接、领办产业项目，发展地方特色产业，这是市场经济行为，只能靠市场主体、靠产业扶贫带头人。然而在许多贫困村，年轻力壮的、有本事能耐的、有经济头脑的人都外出了、流失了，村里出现了无人承接、领办、兴办扶贫产业项目问题，致使“产业扶持脱贫一批”的政策措施无法落地生根。

对于有劳动能力的建档立卡贫困户来说，虽然一家一户也可以搞一些小型产业项目，但是，绝大多数贫困户面临着“五缺一弱”困难（缺资金、缺技术、缺劳力、缺经营头脑、缺市场渠道、抵御风险能力弱）。因此，靠贫困户一家一户、单打独斗，很难把一方产业搞起来，一家一户所生产的农产品也因批量小、交易成本高，很难进入统一大市场。显然，发展特色产业，发展现代农业，这不是贫困户一家一户能干得了、干得好的，它需要有人领着他们干、带着他们干。这个领头人、带动者就是产业扶贫带头人。通过产业扶贫带头人领衔，采用“公司+合作社+贫困户”等组织带动形式，便可实行规模化、专业化、集约化经营，搭建起农户对接市场的桥梁。这既提高了产业的市场竞争力和抗风险能力，降低了交易费用，又帮带了贫困群众参与产业项目、提高发展能力、增加经济收入，实现了产业扶贫带头人和贫困户的“双赢”。从这个意义上来说，实施产业扶贫带头人培育工程，确确实实抓住了“产业扶持脱贫一批的”关键点，牵住了产业扶贫的“牛鼻子”，解决了贫困村产业扶持项目政策落地的“最后一公里”问题。

3. 实现外力帮扶和激发内生动力相结合的有效平台

外力帮扶不能简单地送钱送物，否则容易滋生“等靠要”思想，容易导致“政策养懒汉”，容易造成福利依赖。外力帮扶应当起到激发内生动力的效果，起到调动贫困群众自立脱贫主动性和积极性的激励作用。在外力帮扶和激发内力之间，需要有一个对接平台，需要有一种激励机制。而培育产业扶贫带头人，并通过产业扶贫带头人领办的产业项目和产业扶贫机制，就是一种激发内生动力的有效载体或平台。它可以利用产业扶贫带头人的典型示范，利用产业扶贫带头人领办的扶贫产业项目和利益分配激励机制，吸引贫困群众积极参与产业项目的各个生产环节，通过参加生产劳动，多劳多得获得收益。这才是帮助有劳动能力贫困人口实现稳定增收、自立脱贫，并最终实现自我发展、长效致富的根本出路。

4. 发展壮大贫困村集体经济的重要途径

建档立卡数据表明，大部分贫困村是集体经济“空壳”村。基层情况很现实，一个村如果集体经济“空壳”，那么，村“两委”的凝聚力、战斗力和在群众中的威信将大打折扣，说话无人听，有事难办成。也正因为如此，许多地方把发展壮大集体经济作为贫困村脱贫出列的硬指标之一。但是，发展壮大村集体经济说起来容易做起来难。难就难在路子究竟该怎么走、靠谁来帮助村集体经济增加收入。显然，靠贫困村“两委”班子几个人，重走“一大二公”、村办企业的老路肯定行不通。现在许多地方提出了“三变”思路，即“资源变资产、资金变股金、农民变股东”，这一思路很好。但问题是，谁来将这一思路变成现实？也就是说，实现“三变”的载体或“转换器”是谁？毫无疑问，是市场主体，是包括新型农业经营主体在内的农村产业扶贫带头人。

也正因如此，中央在《关于打赢脱贫攻坚战的决定》中提出探索实施资产收益扶贫。在不改变用途的情况下，将财政专项扶贫资金和其他涉农资金投入设施农业、养殖、光伏、水电、乡村旅游等项目形成的资产，具备条件的可折股量化给贫困村集体。资产可由合作社或其他经营主体统一经营。相关部门和村集体强化监督管理，明确资产运营方对财政资金形成资产的保值增值责任，建立健全收益分配机制，确保资产收益及时回馈持股的贫困村。根据中央《关于打赢扶贫攻坚战的决定》精神，实施产业扶贫带头人培育工程，就是要选好、育好、用好产业扶贫带头人，做大做强由产业扶贫带头人牵头负责的合作社或其他经营主体，强化这一“转换器”的“双带”（带动贫困户、带动村集体）扶贫理念和社会责任，确保村集体“三变”资产的保值增值，建立起村集体收入可持续增长的长效机制。

5. 打造一支“不走的工作队”的治本之策

人的因素是生产力第一要素，人才资源是经济社会发展第一资源。这些年，东部地区、城市地区的快速发展所产生的“极化效应”，吸引着贫困地区的生产要素（资金、人才、人力资源等）源源不断地向发达地区聚集。“孔雀东南飞”现象导致贫困地区农村的能人、才俊、青壮年劳动力等大量流失，农村“空心化”、农民“留守化”、土地“撂荒化”在许多地方已成为严重社会问题。谁来种地，谁来搞开发式扶贫，谁来发展现代农业、建设新农村？这不仅成为多年来困扰人们的一道难题，而且成为制约贫困地区农村脱贫进程和持续发展的最大瓶颈因素。突破这一瓶颈制约的治本措施之一，就是要加大贫困地区农村本土人才（包括产业扶贫带头人）培育力度。同时，采取积极有效的激励政策，吸引更多的本土人才回归创业、投资兴业，为贫困地区农村发展提供人才支撑，提供新动能。

贫困村脱贫攻坚，给钱给物是必要的，但关键是建立一个好的党支部，培养一支留得住、能战斗、带不走的人才队伍。这才是长久之计、治本之策。“第一书记”和驻村工作队在一个村不可能永久派驻下去。贫困村脱贫出列后，发展还要继续下去。巩固脱贫攻坚成果，迈向更高水平小康，发展现代农业，建设美丽乡村，实施乡村振兴，实现共同富裕等，所有这些现实工作和历史任务，都决定了我们必须从现在开始，下大气力加强基层党组织建设，培育培养和发展壮大农村产业扶贫带头人队伍。只有这样，才能打造一支特别能战斗的“不走的工作队”，为贫困村脱贫攻坚、乡村振兴和长远发展，为巩固党在农村的执政地位打下坚实的基础。

第二章　乡村产业体系

第一节　乡村三大产业

一、乡村农业

农业是乡村的主体产业，是乡村基础价值的体现。按照农业供给侧结构性改革要求，在确保国家粮食安全的基础上，紧紧围绕市场需求变化，以提高农产品供给质量为主攻方向，优化产业产品结构，统筹调整粮经饲种植结构，发展规模高效种养业，做大做强特色优势产业，优化区域布局，全面提升质量安全水平。

1. 粮食业

粮食产业是稳民心安天下的基础性战略性产业。稳定粮食生产、发展粮食产业，提高粮食供给质量、确保粮食安全，是构建乡村产业体系的基础和基本任务。

稳定提高生产能力。深入实施藏粮于地、藏粮于技战略，落实最严格的耕地保护制度。划定粮食生产功能区，做好所有地块建档立册、上图入库，实行信息化精准管理，推行功能区内经营用地承诺制。实施好标准农田质量提升和粮食生产功能区提标改造，努力改善农田质量条件，提升地力。

优化生产结构。稳定水稻、小麦生产，确保口粮绝对安全，重点发展优质稻米、强筋弱筋小麦，调减非优势区籽粒玉米，增加优质食用大豆、薯类、杂粮杂豆等。大力推进良种制（繁）种及基地建设，充分调动农民生产水稻、小麦良种的积极性，稳定水稻、小麦生产种源，扩大良种覆盖面。

扩大先进科技应用。推进统一育插秧、病虫害专业化统防统治、测土配方施肥等适用技术推广，推广应用粮经结合、水旱轮作、农牧结合等高效农作制度和生态种养模式。推进粮食生产领域全程机械化，深化农艺农机融合。组织粮食作物高产创建、示范创建，发挥好示范创建引领作用。

创新规模经营机制。推进粮食生产功能区内连片集中流转土地，培育种粮大户、家庭农场、农民专业合作社（联合社）和社会化服务组织等新型主体，发展多种形式的粮食适度规模经营、全程机械化作业和社会化服务。实行储备粮生产订单计划，开展省际、产销区间、产粮用粮主体间合作，构建粮食全产业链，形成粮食开放合作新格局。

2. 畜牧业

畜牧业发展事关食品有效供给、农业生态循环、农民持续增收。要按照生态优先、供给安全、结构优化、强牧富民的思路，稳定生猪生产，优化南方水网地区生猪养殖布局，引导产能向环境容量大的地方和玉米主产区转移，大力发展牛、羊等草食畜牧业。全面振兴奶业，引导扩大生鲜乳消费。大力推进畜牧业规模化、生态化、标准化、特色化和产业化发展，走出一条产出高效、产品安全、资源节约、环境友好的现代畜牧业发展之路。

用生态循环改造。依据资源禀赋和发展基础，完善产业布局和特色精品发展规划，加快推进农牧结合生态循环养殖。改造提升现有畜禽规模养殖场，提高畜禽排泄物资源化利用水平。对区域内畜产品产量、有机肥需求量、农村环境质量进行综合平衡，实现畜牧业与农业农村协调发展。

用规模经营提升。深入推进畜牧业标准化建设，提升规模化和特色化发展水平。通过机制创新和产业融合，建设一批区域优势突出、地方特色鲜明、集聚规模显著、标准化生产程度高、品牌经营强的特色精品产业。培育带动力、竞争力强的龙头主体和产销联合、利益共享的合作组织。

用科技创新支撑。引导研发畜牧业清洁化生产、排泄物资源化综合利用和重大动物疫病综合防控等新技术、新装备，培育畜禽新品种，研发新兽药、新饲料和饲料添加剂，加大先进适用技术示范推广力度。建成畜牧兽医主体地理信息系统，健全动物标识及动物产品追溯系统，提升畜牧兽医系统行业管理、监督执法和服务主体信息化水平。

用监管服务保障。完善动物防疫基础设施，充实基层监管力量，加强关键环节监管。探索建立政府补助、企业运行、保险联动的病死畜禽无害化处理新机制，探索其他畜禽的保险联动机制，确保不发生区域性重大动物疫病、重大畜产品安全事故和流域性漂浮死猪事件。

3. 渔业

渔业是水网地带乡村产业的重要组成部分。按照养殖业提质增效、捕捞业（国内）压减产能、远洋渔业拓展、一二三产业融合发展的方针，引领渔业转型升级。内陆地区大力推广循环水养殖（“跑道养鱼”）等节能减排、节地节水、环境友好型养殖模式；沿海地区发展浅海贝藻、鱼贝藻间养和全浮流紫菜养殖等碳汇渔业和深海网箱（围网）建设。实施鱼塘生态化改造、大水面增殖放流、稻鱼共生轮作减排等措施，划定水产养殖禁限养区，严厉整治乱用药、施肥养鱼、尾水直排等行为，降低养殖生产对水环境的负面影响。以渔业油价补助政策调整为契机，用市场化手段赎买渔船和功率指标，着力压减国内海洋捕捞产能，逐步实现海洋捕捞强度与渔业资源再生能力相协调。规范发展远洋渔业，积极稳妥库存鱿鱼等大宗远洋产品，持续增强远洋渔业市场竞争力和发展后劲。

4. 优势特色产业

地方特色优势农产品具有显著的地域性，在乡村产业振兴中具有独特作用。要充分利用地域、品种、资源和文化优势，大力发展特色农业，把地方土特产和小品种做成带动农民增收的大产业。优化农业区域布局，以主体功能区规划和优势农产品布局规划为依托，科学划定蔬菜瓜果、茶叶蚕桑、花卉苗木、食用菌、中药材和特色养殖等产业重点发展地区，并与现代农业产业园、科技园、创业园紧密结合。开展特色农产品标准化生产示范，建设一批地理标志农产品和原产地保护基地。积极发展木本粮油林等特色经济林、珍贵树种用材林、花卉竹藤、森林食品等绿色产业。科学制定特色农产品优势区建设规划，建立评价标准和技术支撑体系，推动各地争创园艺产品、畜产品、水产品、林特产品等特色农产品优势区。

二、乡村工业

推动农业现代化和加快乡村工业化是城乡关系协调发展的基本条件，两者相辅相成、互促互进。乡村工业发展要突出农业工业化方向、农民参与性导向、农村适应性取向，按照集群化、园区化、特色化、绿色化要求，优化结构布局，增强乡村工业对乡村产业的引领和支撑作用。

1. 农产品加工业

农产品加工业连接工农、沟通城乡，行业覆盖面宽、产业关联度高、带动农民就业增收作用强。要适应市场需求变化和产业升级趋势，推动农产品加工业从数量增长向质量提升、要素驱动向创新驱动、分散布局向集群发展转变，促进农产品加工业持续稳定健康发展。

合理布局。根据全国农业现代化规划和优势特色农产品产业带、粮食生产功能区、重要农产品生产保护区分布，合理布局原料基地和农产品加工业。在大宗农产品主产区重点发展粮棉油糖加工特别是玉米加工，建设优质专用原料基地和便捷智能的仓储物流体系。在特色农产品优势区重点发展“菜篮子”等产品加工，推动销售物流平台、产业集聚带和综合利用园区建设。在大中城市郊区重点发展主食、方便食品、休闲食品和净菜加工，形成产业园区和集聚带。以县为单元建设加工基地，以村（乡）为单元建设原料基地。

因地制宜、粗精结合。围绕农产品产后减损增收，建设商品化处理全产业链，重点改善农产品产后净化、分等分级、烘干、预冷、保鲜、包装等的设施装备条件，以及购置运输、称重、检验化验、污水处理等的辅助仪器设备。建设田头收贮设施，购置收贮及处理设备，提升产后农产品贮藏保鲜能力。在大中城市郊区建设一批农产品精深加工示范基地，开发多元产品，打造产业发展集群。推动副产物循环利用、全值利用和梯次利用，提升副产物附加值。

加快发展绿色加工体系。加强国家农产品加工技术研发体系建设，建设一批农产品加工技术集成基地。大力发展绿色加工，引导建立低碳、低耗、循环、高效的绿色加工体系。支持农产品加工园区循环化改造，推进清洁生产和节能减排，引导企业建立绿色工厂，加快应用节水、节粮等高效节能环保技术装备。

2. 饲料工业

饲料工业是联结种养的重要产业，既是种植产品的加工业，又是养殖业的投入品，为现代养殖业提供物质支撑。我国饲料工业经过近几十年快速发展，迫切要求加快供给侧结构性改革，实现发展动能转换。

优化饲料工业布局。综合考虑养殖业发展趋势、环境资源禀赋、区位优势和现有产业基础等因素，区别加快发展区、稳定发展区、适度发展区，调整优化饲料工业布局，促进不同区域饲料加工业与种养业协调发展。

保障饲料原料供应。稳定蛋白饲料原料供应，适度增加油菜籽等其他品种进口，加强合成氨基酸新品种应用。建设现代饲草料生产体系，推广草料结合的全混合日粮和商品饲料产品。持续推进秸秆饲料化利用，促进农副资源饲料化利用。

发展安全高效环保饲料产品。加快发展新型饲料添加剂，稳定提高营养改良型酶制剂生产水平，加快研发新型酶制剂，加强药食同源类植物功能挖掘，开发饲用多糖和寡糖产品。研发推广安全环保饲料产品，发展能改善动物整体健康水平的新型饲料产品。

3. 农机装备产业

农业机械装备是发展现代农业、推动乡村振兴的重要物质基础。我国是世界第一农机制造和使用大国，农机装备产业发展，要按照“自主创新、加速转化、提升产业、全面发展”的要求，以创新驱动促进产业转型升级为核心，以市场主导和政府引导相结合为手段，着力扩大产业规模，着力提升创新水平。

开发适用产品。适应农业生产规模化、精准化、设施化和全程机械化要求，优化农机产品结构。积极发展适合家庭经营需要的中小型、轻简化农机，形成高中低端产品共同发展格局。按照绿色化发展要求，开发生产高效节能环保、多功能、智能化、资源节约型农业装备产品。

提升制造水平。加大农业装备企业技术改造力度，应用精密成型、智能数控等先进加工装备和柔性制造、敏捷制造等先进制造技术。完善农机产品质量标准体系，实现动力机械与配套农具、主机与配件的标准化、系列化、通用化开发生产。

调整行业结构。完善产业组织结构，提升产业集中度和专业化分工协作水平。中小型企业走“专、精、特、新”发展道路，培育一批零部件加工企业；通过优化重组、兼并，形成整机核心部件均能全程自主生产的龙头企业。

4. 肥料产业

肥料产业存在产能过剩、基础肥料品种发展不平衡、产品同质化严重、绿色有机肥料发展不足等问题。肥料产业发展要为农业绿色发展提供绿色无污染肥料，为农民提供个性化、多样化的套餐增值服务。推行测土配方施肥模式，在了解土壤养分等基本情况的基础上，有针对性地生产氮磷钾配比更科学、更符合土壤养分需求的肥料，同时把环境中蕴藏的养分充分利用起来。通过配方增加微量元素等方法，充分挖掘土壤微生物潜力，更好地发挥营养调控价值。充分利用植物秸秆、动物排泄物等有机质资源，通过物理形态改变、微生物发酵等方式，创新开发有机肥，并生产有机无机复混肥。适应农业专业化和社会化服务发展要求，肥料企业向后延伸服务，发展测土配方施肥、水肥一体化、施肥机械化等精准化便利化服务。

5. 农药产业

现代农药已步入超高效、低用量、无公害的绿色农药时代，新种植形态和生态理念对农药发展及其应用提出更高要求。要根据新的《农药管理条例》及我国农药行业发展现状，推动农药产业高质量发展。

优化产业布局。加快农药企业向专业化园区集中，降低生产分散度。强化行业监管，健全公平公正行业准入政策，制止低水平重复建设，建立和完善重污染企业退出机制。组建大型农药企业集团，培育有国际竞争力的企业。

深化品种结构调整。支持高效、安全、经济、环境友好的农药新产品发展，推动农用剂型向水基化、无尘化、控制释放等高效、安全的方向提升，发展用于小宗作物的农药、生物农药和用于非农业领域的农药新产品、新制剂。

强化创新驱动。建设农药技术创新体系，加强共性关键技术和技术集成开发。加快成果转化，重点突破“三废”处理关键技术、环保型剂型开发技术、基于农药药物传递系统的环保农药剂型开发共性技术等。

三、乡村服务业

乡村服务业是指服务于农业再生产和农村经济社会发展，通过多种经济形式、多种经营方式、多层次多环节发展起来的一大产业，是现代服务业的重要组成部分。要适应乡村产业的兴旺需求和农村居民日益增长的美好生活需要，在加强政府公益性服务的基础上，积极培育经营性服务组织，鼓励种子、农机、农药生产企业延伸服务链，拓展服务内容，规范服务行为，推动乡村服务产业有序、健康、快速发展。

1. 农资配送服务

农资配送服务包括作物种子种苗、畜种、水产苗种、化肥、农药等的配送服务。在种子种苗方面，由服务组织与“育繁推一体化”种业企业合作，在良种研发、展示示范、集中育秧（苗）、标准化供种、用种技术指导等环节向农民和生产者提供全程服务；开发包括种子供求、品种评价、销售网点布局等信息在内的手机客户端，为农民科学选种、正确购种提供服务；开展种子种苗、畜种及水产苗种保存、运输等物流服务。在肥药方面，积极发展兽药、农药和肥料连锁经营、区域性集中配送等供应模式。开展青贮饲草料收贮，推广优质饲草料收集、精准配方和配送服务。特别要重视发挥供销合作社在农资供应和资源配送上的主渠道优势，优化农资配送服务方式。供销合作社可在有条件的农民合作社设立农资供应网点，加强农资物联网建设与应用；与农民专业合作社、农产品行业协会等协作，开办“庄稼医院”，建立智慧农资网络，承担政府向社会力量委托或购买的相关公共服务，提供农资配送等服务。

2. 农技推广服务

农技推广服务涉及农民千家万户对粮食等大宗生产技术、公共性技术的需求，一般由政府农业公共服务机构直接提供或通过购买服务的方式由经营性服务机构提供。在作业内容上，开展深翻、深松、秸秆还田等田间作业，集成推广绿色、高产、高效技术模式。采用测土配方施肥、有机肥替代化肥等减量增效新技术，推进肥料统供统施服务，加快推广喷灌、滴灌、水肥一体化等农业节水技术。推广绿色防控产品、高效低风险农药和高效大中型施药机械，以及低容量喷雾、静电喷雾等先进施药技术，推进病虫害统防统治与全程绿色防控有机融合。动物防疫服务组织、畜禽水产养殖企业、兽药生产企业、动物诊疗机构和相关科研院所等各类主体，提供专业化动物疫病防治服务。促进公益性农技推广机构与经营性服务组织融合发展，基层农技推广机构通过派驻人员、挂职帮扶、共建载体、联合办公等方式，为新型经营主体和服务主体提供全程化、精准化和个性化指导服务。探索农技人员在履行好岗位职责前提下，通过提供增值服务获取合理报酬的新机制。构建农技推广机构、科研教学单位、市场化主体、乡土人才、返乡下乡人员等广泛参与、分工协作的农技推广服务联盟，实现农业技术成果组装集成、试验示范和推广应用的无缝链接。

3. 农机作业服务

推进农机作业服务领域从粮棉油糖作物向特色作物、园艺作物、养殖业生产配套拓展，服务环节从以耕种收为主向专业化植保、秸秆处理、产地烘干等农业生产全过程延伸。加快应用基于北斗系统的作业监测、远程调度、维修诊断等大中型农机物联网技术，农机作业服务主体可利用全国“农机直通车”信息平台，及时掌握需求信息，加强信息交流，提高跨区作业服务效率。积极发展农机具维修服务，有效打造区域农机安全应急救援中心和维修中心，以农机合作社维修网和农机企业“三包”服务网点为重点，推动专业维修网点转型升级。在粮食生产功能区、重要农产品保护区、特色农产品优势区，支持农机服务主体以及农村集体经济组织等建立集中育秧、集中烘干、农机具存放等设施，为农户提供一站式服务。

4. 农业生产托管

农业生产托管是农户等经营主体在不流转土地经营权的条件下，将农业生产中的耕、种、防、收等全部或部分作业环节委托给服务组织完成或协助完成的农业经营方式，是多方面服务的综合体，是服务型规模经营的主要形式，具有广泛的适应性和发展潜力。总结推广土地托管、代耕代种、联耕联种、农业共营制等托管形式，把发展农业生产托管作为推进农业生产性服务业、带动普通农户发展适度规模经营的主推服务方式，采取政策扶持、典型引导、项目推动等支持推进措施。

5. 农业废弃物资源化利用服务

鼓励通过政府购买服务的方式，支持专业服务组织收集处理病死畜禽。在养殖密集区推广分散收集、集中处理利用等模式，推动建立畜禽养殖废弃物收集、转化、利用三级服务网络，探索建立畜禽粪污处理和利用受益者付费机制。加快残膜捡拾、加工机械和残膜分离等技术装备研发，积极探索生产者责任延伸制度，由地膜生产企业统一供膜、统一回收。推广秸秆青（黄）贮、秸秆膨化、裹包微贮、压块（颗粒）等饲料化技术，采取政府购买服务、政府与社会资本合作等方式，培育一批秸秆收储运社会化服务组织，发展一批生物质供热供气、颗粒燃料、食用菌等可市场化运行主体，促进秸秆资源循环利用。

6. 农产品流通交易服务

加强产地批发市场建设，培育现代农业物流中心。在巩固提高现有大中型批发市场的基础上，探索绿色农产品直供、连锁配送、定点销售等营销机制，提供农产品预选分级、加工配送、包装仓储、信息服务、标准化交易、电子结算、检验检测等服务。完善农产品物流服务，推进农超对接、农社对接，利用农业展会开展多形式产销衔接。支持有资质的服务组织开展农产品质量安全检验检测，推动检测结果互认，提供准确、快捷的检测服务。基层农产品质量安全监管机构提供追溯服务，指导主体开展主体注册、信息采集、产品赋码、扫码交易、开具食用农产品合格证等业务。以整合开发现有农业信息资源和健全农业信息服务体系为重点，建立延伸至农业龙头企业、农产品批发市场、中介组织和经营大户的信息网络，加强市场购销、价格等信息采集、分析和发布，建立健全市场引导生产、推动农业结构调整的机制。

7. 提升乡村服务业水平

搭建统一高效、互联互通的信息服务平台，加快建设和汇集各类农业重要基础性信息系统，为生产主体提供农产品生产状况、市场供求走势、资源环境变化、动植物疫病防控、产品质量安全以及服务组织资信等信息服务。全面实施信息进村入户工程，支持各类服务组织参与益农信息社建设，共用共享农村各类经营网点资源，为农民和新型主体提供公益服务、便民服务、电子商务和培训体验等服务。积极拓展服务领域，为农业农村发展提供基础设施管护、小额资金信贷等服务。健全乡村服务业标准体系，针对不同行业、不同品种、不同服务环节，制定服务标准和操作规范，加强服务过程监管，引导服务主体严格履行服务合同。建立服务质量和绩效评价机制，有效维护服务主体和服务对象的合法权益。将农业服务领域信用记录纳入全国信用信息共享平台。

着力规范服务行为，大力推行专项服务“约定有合同、内容有标准、过程有记录、人员有培训、质量有保证、产品有监管”模式，提高服务标准化水平。统筹和整合基层农业服务资源，搭建集农资供应、技术指导、动植物疫病防控、土地流转、农机作业、农产品营销等服务于一体的区域性综合服务平台，集成、应用、推广先进适用技术和现代物质装备，不断提升综合服务的集约化水平。

第二节　新产业、新业态

新产业、新业态是现代生产技术及管理要素与产业深度融合和创新的产物，遵循一二三产业融合、产业链延伸、农业多功能拓展创新路径和生成机理，通过要素聚合、叠加衍生和交互作用生成新的经济形态，创造出新产品、新服务供给和增量效益。要充分发挥农村自然资源、生态环境、民俗文化和特色产业等的优势，培育壮大新产业、新业态，为农村经济发展、农业转型升级和农民创业增收注入持久活力。

一、创意农业

创意农业是把创意作为一种生产要素，将农业生产消费活动与文化创意活动相融合，拓展农业多种功能，提升农产品附加值的农业新型业态。要将创意农业作为农业战略性新兴产业加以培育，实现农业发展方式的转变，传承农业文化，促进社会文明。

推广多类型模式。创意农业是现代生物技术、工业技术、农业技术、信息智能技术等与经济、文化、习俗、生活习惯等融合的产物。借助不同地方各异的资源条件，依赖于创意主体的灵感和创作，总结推广园区建设、节庆会展、资源开发、区位利用、文化创造、空间拓展等多种模式，实现创意农业持续稳定发展。

培养多样化人才。依托高水平大学，培养一大批对文化有兴趣、有研究，对艺术审美有追求、有爱好，对农村、农民有感情的专业人才。对农业从业人员加强艺术、美术等专业知识培养，提高其艺术素养和美学欣赏、创造水平。

开拓新兴资源。促进传统农业文化资源的综合开发利用，通过创意将各种自然资源和人文资源、有形和无形的资源有效地转化为农业农村经济发展的资本，更多地依靠文化资本和社会资本等软性要素的驱动来实现农业农村经济发展方式的转变。用无限创意突破有限自然资源约束，促进农业农村经济增长向“软”驱动方式转变。

构建营销体系。完善促进创意农业发展的政策，以政府引导、政策支持、市场激励等方式，加快创意农业发展的资本市场建设。通过文化精品传播增强创意农业的吸引力和辐射力，赢得受众的认同。用文化创意来推动农产品品牌建设，使创意农业依靠富有文化内涵的农产品品牌，跳出价格竞争重围，占领市场。

二、智慧农业

智慧农业集互联网、移动互联网、云计算和物联网技术于一体，依托农业生产现场的各种传感节点和无线通信网络，实现农业生产环境的智能感知、智能预警、智能决策、智能分析、专家在线指导，为农业生产提供精准化种植、可视化管理、智能化决策，从而使农业具有“智慧”。智慧农业应重点对农业生产经营和管理活动进行改造，使之呈现新业态。

升级生产领域，由人工走向智能。在种养生产环节，构建集环境生理监控、作物模型分析和精准调节于一体的农业生产自动化系统，根据自然生态条件改进农业生产工艺，进行农产品差异化生产。在食品安全环节，构建农产品溯源系统，记录存储农产品生产、加工等过程的相关信息，通过食品识别号在网络上对农产品进行查询认证，追溯全程信息。在生产管理环节，将智能设施与互联网应用于农业测土配方、茬口作业计划以及农场生产资料管理等计划系统，提高生产效能。

升级经营领域，突出个性化、差异性营销方式。物联网、云计算等技术的应用，打破农产品市场的时空限制，实时监测和传递农资采购和农产品流通等数据，有效解决信息不对称问题。在主流电商平台开辟专区，拓展农产品销售渠道，龙头企业通过自营基地、自建网站、自主配送方式打造一体化农产品经营体系，推动农业经营向订单化、流程化、网络化转变，发展个性化与差异性的定制农业营销方式。

升级服务领域，提供精确、动态、科学的全方位信息服务。应用基于北斗的农机调度服务系统，通过室外大屏幕、手机终端等灵活便捷的信息传播形式向农户提供气象、灾害预警和公共社会信息服务，为农业经营者传播先进的农业科学技术知识、生产管理信息并提供农业科技咨询服务，提高农业生产管理决策水平，增强市场抗风险能力。

三、休闲农业

休闲农业利用田园景观、自然生态及资源条件，结合农林渔牧生产经营活动、农村文化及农家生活，为民众提供休闲娱乐，增进民众对农业及农村生活的体验。休闲农业兴起于20世纪三四十年代的意大利、奥地利等国，随后迅速在欧美国家发展起来。近年来，随着人们生活水平的提高，我国休闲农业发展势头强劲，有些地方呈“井喷式”增长。从休闲农业特点和当前态势看，应重点在以下几个方面下功夫。

类型丰富和产业集聚。依托农业主体产业，开发好“花”“果”“农”等特色资源，延伸开发农业生产功能，配套服务设施，突出休闲性，增强参与性，使自然风光与农业生产融为一体。打造一批美丽田园，提高农业综合效益。支持经营主体协作联合，打造精品线路、特色产业带和优势产业群，推动休闲农业资源共享、优势互补、信息互通、利益互惠和产业集聚。

创意设计和融合发展。注重休闲农业资源整体开发，强化农业产品、农事景观、环保包装、乡土文化和休闲农业经营场所的创意设计，打造一批集农耕体验、田园观光、教育展示、文化传承于一体的休闲农业园。开发具有地方特色的休闲产品，推进农业与文化、科技、生态、旅游的融合。

生态保护和规范管理。处理好保护和开发的关系，利用荒山、荒坡、荒滩、废弃矿山等发展休闲农业，利用山水、生态、人文等优势提升休闲农业内涵，加强生态环境和休闲农业经营场所管理。

营销宣传和助推发展。健全休闲农业信息发布与交流平台，创新休闲农业与乡村旅游营销方式。发挥互联网、报刊电视广播等媒体的作用，有重点地进行宣传推介。以优势产业为基础，推出特色农事节庆活动，举办休闲农业专场推介会等活动，扩大休闲农业与乡村旅游的知名度和影响力。

四、品牌农业

品牌农业是指经营者通过相关农业类产品和服务质量认证，取得相应商标权，以加强质量管理和市场营销等手段提高市场认知度和美誉度，进而获取较高经济效益的农业。发展品牌农业，要坚持质量第一、效益优先，把品牌化经营理念、机制和手段全面引入农业生产经营全过程，着力构建农业品牌培育、管理、推广和保护体系，加快农业转型升级，促进农村产业兴旺。

强化质量育品牌。加快现代农业标准制（修）订，全面推行涵盖管理制度、管理人员、生产记录、质量检测、包装标记以及质量追溯的“五有一追溯”农产品标准化生产管理模式。加强农产品产地环境净化和保护，推进绿色防控、健康养殖。全面实施规模食用农产品生产主体合格证管理制度，推进质量安全追溯体系建设，健全农产品产地准出与市场准入无缝对接机制，强化农产品质量全程有效监管。

强化主体树品牌。骨干农业企业加强科技创新，品牌农业企业做强品牌优势。龙头企业整合资源，各类生产经营主体联合协作，打造品牌农业建设利益共同体。挖掘农产品悠久历史文化内涵，发展历史经典农业。推进农产品区域品牌建设，加强区域品牌集体商标、证明商标注册，按照一个公用品牌、一套管理制度、一套标准体系、多个经营主体和产品的思路，健全品牌运营管理制度，打造农产品区域公用品牌。

强化营销拓品牌。建设有特色的区域公用品牌产地市场，以线上线下结合的方式，为农产品品牌构建完善的信息网络和物流体系。发挥各类展示展销平台的作用，推介品牌农产品。推动优质特色农产品进超市、进社区。加大品牌宣传力度，推进出口农产品品牌建设。发挥媒体舆论引导和价值传播的作用，推动媒体宣介与品牌建设联姻。

强化扶持护品牌。政府部门做好区域公用品牌建设规划布局，制定政策、标准以及相关管理规定，构建公平公正、法制健全、自由竞争的品牌发展环境。推动形成部门协作监督体系，强化授权管理和产权保护，严厉打击假冒伪劣产品，及时处理误导消费者、扰乱市场秩序的行为。综合运用政策工具支持补齐农业品牌建设短板，加大对区域公用品牌的扶持力度，撬动社会资本参与品牌建设。探索建立农业品牌目录制度，建立产品质量、知识产权等领域的失信联合惩戒机制，切实保护农业品牌形象。

五、农产品电子商务

农产品电子商务是在农产品生产、销售、管理等环节全面导入电子商务系统，利用信息技术，收集发布供求、价格等信息，并以网络为媒介，依托农产品生产基地与物流配送系统，迅捷安全实现农产品交易与货币支付。建设好农村信息化基础设施。改善农村公路、物流、信息等基础条件，加快农村地区宽带网络和第四代移动通信网络覆盖步伐，针对农产品生产布局和季节性收获特点，合理规划建设集货、初加工、预冷、分拣、包装、仓储等基础设施。

打造农村电子商务公共服务平台。加强农产品产后分等分级、包装、营销，建设农产品冷链仓储物流体系，供销、邮政及各类企业把服务网点延伸到乡村，强化农村电子商务人才培训。

创新基于电子商务的农业产业模式。利用电子商务帮助农村地区从供给侧入手，发展数字农业，培育特色优势产业，通过电商大数据，改进生产经营模式，健全农产品产销稳定衔接机制。

优化农村发展环境。完善农村教育、医疗等与生活、创业相关的配套设施建设，吸引“城归”“雁归”“新农民”等群体返乡下乡，利用电子商务开展创业创新，让他们留得住、创得成、长得大。

六、产业化联合体

农业产业化联合体是龙头企业、农民合作社和家庭农场等新型农业经营主体以分工协作为前提，以规模经营为依托，以利益联结为纽带而建立的一体化农业经营组织联盟，是全产业链基础上乡村产业深度融合的有效载体。以产业化联合体为平台推进乡村产业融合，要坚持市场主导、农民自愿、民主合作、兴农富农的原则，培育发展一批带农作用突出、综合竞争力强、可持续发展的农业产业化联合体，为农业农村发展注入新动能。

发挥龙头企业引领作用。支持龙头企业建立现代企业制度，发展精深加工，建设物流体系，健全农产品营销网络，主动适应和引领产业链转型升级。鼓励龙头企业强化供应链管理，制定农产品生产、服务和加工标准，示范牵动农民合作社和家庭农场从事标准化生产。引导龙头企业发挥产业组织优势，联手农民合作社、家庭农场组建农业产业化联合体，实行产加销一体化经营。

突出农民专业合作社纽带作用。鼓励普通农户、家庭农场组建农民合作社，积极发展生产、供销、信用“三位一体”合作。引导农民合作社依照法律和章程加强民主管理、民主监督，保障成员的物质利益和民主权利，发挥成员积极性，共同办好合作社。支持农民合作社围绕产前、产中、产后环节从事生产经营和服务，引导农户发展专业化生产，促进龙头企业发展加工流通，使合作社成为农业产业化联合体的“黏合剂”和“润滑剂”。

注重家庭农场基础作用。按照依法、自愿、有偿的原则，鼓励农户流转承包土地经营权，培育适度规模经营家庭农场。鼓励家庭农场使用规范的生产记录和财务收支记录，提高经营管理水平。健全家庭农场管理服务，完善名录制度，建立健全示范家庭农场认定办法。鼓励家庭农场办理工商注册登记。引导家庭农场与农民合作社、龙头企业开展产品对接、要素联结和服务衔接。

深化成员间高效协作。坚持民主决策、合作共赢，农业产业化联合体成员之间地位平等。引导各成员充分协商，制定共同章程，明确权利、责任和义务，提高运行管理效率。探索治理机制，制发统一标识。鼓励农业产业化联合体依托现有条件建立相对固定的办公场所，以多种形式沟通、协商涉及经营的重大事项，共同制订生产计划，保障各成员的话语权和知情权。

完善利益共享机制。探索成员相互入股、组建新主体等新型融合方式。引导农民以土地经营权、林权、设施设备等入股家庭农场、农民合作社或龙头企业，采取“保底收入+股份分红”分配方式，让农民以股东身份获得收益。加强订单合同履约监督，建立诚信促进机制和失信警戒机制。强化对龙头企业联农带农的激励，探索将国家相关扶持政策与龙头企业带动能力适当挂钩。

第三节　农业高新产业

促进农业传统产业提质增效，加快壮大农业新兴产业。根据资源优势和国家产业政策导向，抓好区域布局，促进优势产品、优势产业向适宜区域集中，形成专业化、规模化的企业集团和产业链。重点发展高端化、高效化、生态化的农业新兴骨干科技企业，加快培育农业科技型小微企业。

一、农业科研载体

根据农业发展方向和需要，按照产业基础、生态区域和专业学科，支持建设一批能够持续提供农业原创性科技成果的科研载体。以主导产业的农业科技企业为主体，布局建设一批重点企业研究院，从应用层面协同推进农业高科技产业创新提升。通过优化学科建设，打造一批农业农村重点学科和重点实验室。坚持以企业为主体，联合高校科研院所，共同建设涉农企业研发中心、工程技术中心、工程实验室、企业技术中心等各类载体，夯实农业创新基础条件。

二、农业科技园区水平

农业科技园区是在一定区域内，以科技为核心，集聚土地、资金、科技、人才等生产要素的农业科技与经济相融合的新型农业生产经营综合体，具有技术创新转化示范、农业科技型企业孵化、新兴产业培育、精品农产品生产、现代农业服务等功能。要坚持政府引导、企业运作、社会参与、农民受益的思路，以创新为动力，整合产业要素和创新要素，延伸产业链，推进农业产业链、创新链、资金链有机结合，实现农业一二三产业融合、园村（城镇）融合，使农业科技园区成为先进生产要素集聚、创新链完整、带动效应明显的现代农业发展先行示范区。

三、农业科技企业

企业是最具活力的创新主体。完善农业高新技术企业服务机制，通过孵化器孵化一批、高新企业派生一批、科技人员领办创办一批、传统产业改造提升一批、引进培育一批等模式，大力培育农业高新技术企业。落实企业研发费用加计扣除、高新技术企业税收优惠、固定资产加速折旧等政策，推动农业高新技术企业配置新设备和应用新技术，激发农业高新技术企业创新活力，加速成长为农业领域具有较强创新影响力和带动力的企业群。

四、农业企业研究院

企业研究院作为企业技术创新体系的组织者和核心载体，承担着制订企业技术发展战略、规划，把握产业技术发展趋势和市场需求动向，吸引一流创新人才，研究新技术、开发新产品，开拓新市场、创造新价值的重任。围绕农业主导产业和特色新兴产业，选择业内具有引领带动作用的农业科技企业，建设重点农业企业研究院。按照产业链建设的思路，通过在上、中、下游布局建设农业企业研究院，实现创新链、产业链有机协同的“双链”融合。探索政府引导、企业主体、产学研紧密结合、开放式的技术创新体系构建途径，加强省、市、县政府协同创新，支持重点企业研究院主持实施重大科技专项，联合开展前沿技术研究、技术难题攻关、成果产业化、人才培养等工作，使之成为重要的科技创新载体。

第三章　选择扶贫产业

第一节　影响产业扶贫的因素

目前，我国已进入扶贫开发的攻坚拔寨冲刺期，打赢脱贫攻坚战，必须进一步加大产业扶贫力度。这就要求各级扶贫开发部门在实施产业扶贫的过程中，充分考虑影响产业扶贫的各种因素。产业扶贫受自然条件、基础设施、经济条件等客观因素的影响，同时也与贫困地区的政府行为、贫困人口的思想观念、劳动能力、致富愿望等主观因素密切相关。总体来说，影响贫困地区产业扶贫的因素可以分为以下几类。

一、自然条件因素

自然条件因素是影响产业发展的基础因素，直接影响产业的生产成本和要素凝聚能力。我国大多数贫困地区自然条件恶劣，自然灾害频发，而恶劣的自然环境和自然灾害等自然条件直接阻碍了产业扶贫的发展。这些自然条件因素包括气候、地形地貌、地理位置等诸多方面。因此，对于贫困地区的产业扶贫来说，自然条件因素是影响产业选择、产业发展和扶贫脱贫的基础因素。

【拓展阅读】

平顺县变劣势为优势　实现脱贫摘帽

山西省平顺县是国家级贫困县，全县 262 个行政村，有 230 个是贫困村。平顺，过去由于不平不顺而致贫；如今，同样是“不平不顺”，而全域性产业规划布局的实施，使得生态旅游、中药材种植、光伏风能等产业项目风生水起。分步骤、有节点地实现全县域的稳定、精准脱贫，全县设定2019年脱贫摘帽的目标。

那么，平顺县凭什么敢在同样的生态环境里立下提前一年摘掉贫困县帽子的军令状？产业介入是如何使平顺县变劣势为优势？产业发展又将如何带动千家万户实现脱贫致富呢？

海拔300~1 800米的落差，独特的地貌和气候条件造就平顺县丰厚的中药材自然资源。全县有动植物中药材300余种，大宗中药材67种，还有潞党参、连翘、柴胡、黄芪等道地中药材10余种。独具慧眼的振东药业的加盟，规模化、标准化、产业化的种植生产带动了贫困山区农户增收致富。“公司+政府+专业合作社+基地+农户”的管理模式，规模化发展50万亩（15亩=1公顷。全书同）GAP中药材种植。推进标准化中药材种植，不仅药材性状相对均衡，而且整体质量安全可控，含量达标，疗效稳定，由此得到了市场多方的认可。截至目前，平顺县中药材种植户数2万余户，种植面积达50万亩，总收入2亿元，全县农民收入近三成来自中药材种植。

二、基础设施因素

基础设施是指为社会生产和居民生活提供公共服务的物质工程设施，包括交通、邮电、供水供电、商业服务、文化教育、卫生事业等公用工程设施和公共生活服务设施等。它是产业经济赖以生存发展的一般物质条件。特别是对于地理位置不便、设施落后的贫困地区，更需要优先发展基础设施，所谓“要致富先修路”强调的就是基础设施的重要性。因为基础设施建设具有所谓“乘数效应”，即能带来几倍于投资额的社会总需求和国民收入。

贫困地区的道路、农田水利设施、电等基础设施主要影响产业扶贫的市场运作与销售链。水利方面，其直接影响生产能力；公共交通方面，其直接影响农产品的外销价格；信息建设方面，直接影响了农产品的宣传渠道，同时影响信息的收集和对市场动向的把握。能够带动贫困地区工业、农业、旅游、物流等现代产业发展的高等级公路、铁路甚至航线还很欠缺，很多地方通信设施还比较落后，信息化水平低，不具备发展电子商务等新兴产业的条件。目前，一些贫困地区的文化、商业服务等基础设施不够完善，条件还比较简陋，导致一些公共服务难以有效开展。

三、经济条件因素

经济条件因素包括劳动力数量和质量、科技水平以及资金等方面要素。

1. 劳动力资源的情况直接关乎扶贫产业的选择

在我国贫困地区，人口资源相对缺少，受教育程度较低。因此，普遍存在劳动力不足或劳动力素质偏低的问题，而产业发展需要依靠具有一定劳动技能的人才。

2. 科技型产业成为扶贫产业的未来趋势

由于大多数贫困地区地理位置偏远，交通不便，很多地区近年来刚通路通电等，造成了这些贫困地区的信息滞后和科技水平落后，无法适应现代化产业发展，缺乏持续增收能力。

3. 扶贫资金的多少影响产业扶贫的规模和质量

在过去的扶贫阶段，我们大多数进行“输血式”扶贫，将大量资金直接救济或者补贴给贫困家庭，而一旦停止“输血”，贫困地区又会重新陷入贫困。因此，在扶贫资金分配和使用上，存在分散、细碎的现象，集中力量和资金解决深层次贫困问题的合力不够，扶贫资金发挥效益和辐射功能的彰显力不够。一旦将扶贫资金集中用于有“造血”功能的产业扶贫项目上，就能将资金效益发挥到最大化。

四、政府行为因素

在产业扶贫过程中，政府通常扮演着双重角色。一方面，政府出台专门的产业扶贫政策，引导企业、组织和农户参与到整个产业扶贫进程中来，在市场条件下最终实现这种选定资源、产品和服务的产业化生产和产业链建设。另一方面，政府直接派驻驻村帮扶队伍，直接帮助贫困群众进行技术扶贫。

1. 政府行为

我国的产业扶贫从政策制定到资源控制，再到计划执行，都由政府操持。这种大包大揽式的扶贫，容易轻视贫困人口的内生动力，忽视市场的决定作用，具有浓厚的计划经济色彩。

有的地方政府所从事的产业扶贫只是短期行为，注重扶贫政绩，缺少长远规划，注重当前能够脱贫摘帽的短、平、快的种植、养殖项目，市场竞争力不强，一旦支柱产业发展受阻，整个区域脱贫工作陷入困境；有的地方政府在发展扶贫产业过程中，习惯于“输血式”扶贫，“造血式”扶贫考虑的少，贫困群众缺乏可持续发展，一旦没有了优惠政策，很容易返贫；有的地方政府未摸清市场规律，没有突出地域性、特色性，扶贫产业同质化严重，缺乏竞争力；有的地方政府在引进扶贫产业龙头企业时，要数量不要质量，对一些高污染、高能耗等不利于地区长期发展的项目一律来者不拒，给当地遗留严重的环境问题。

在产业扶贫的过程中，基层政府要着眼于提供更好的公共服务，建设好的发展环境，动员和支持当地经济组织来发展产业，而不能直接指导农民种什么养什么，更不可能帮农民去卖产品。可以发挥组织动员的作用，但不宜直接插手，更不能大包大揽。基层政府要发挥支点的作用，不能直接当杠杆。好的扶贫办法和产业，一定是来自群众的，也是要符合实际的，更重要的还得和市场联系起来。

2. 驻村帮扶人员的责任意识

有的帮扶人员在原住地和驻村地之间频繁穿梭，导致了高昂的帮扶成本。有的驻村帮扶人员反客为主，打击了当地贫困群众的积极性。这些都会影响扶贫产业的健康发展，也无法真正落实精准扶贫的思想。贫困人口是脱贫的主体，驻村帮扶人员的主要责任，是为激活贫困人口的发展潜力创造条件，为贫困人口将脱贫愿望付诸实践给予实实在在的帮助和指导，如开展有针对性的培训活动，引导村民选择适合自身实际的致富产业，为村民提供必要的资金和技术支持等。驻村帮扶人员不宜有太强的功利性，不能把帮扶当作自己镀金的机会，也不能单纯按自己的理念指导产业扶贫开发。

五、思想观念因素

人穷最怕志短，扶贫必先扶志。扶贫的同时，关键要教育引导当地群众坚定战胜贫穷、改变落后面貌的信心和决心，克服“等靠要”的思想和畏难情绪。贫困群众要依靠自己勤劳的双手，积极参与扶贫产业的发展过程中，充分发挥脱贫致富的积极性和主动性。

产业扶贫过程中，部分贫困群众参与度不高。产业发展周期长、见效慢、风险大。一些地方干部群众思想僵化，因循守旧，怕担风险，害怕失败，不愿在产业结构调整、发展特色产业上动脑筋、想办法、谋出路、图发展，即使发展，也是被动接受。由于认识不同，群众参与程度不同，导致产业扶贫在不同乡镇、村组、农户推进的速度与成效也大不相同。有的地方束缚在传统农业的圈子内，没有一个优势突出的、非常明确的主导产业，农民脱贫没有一条好的路子。

第二节 选择扶贫产业的原则

产业是发展的根基，是扶贫的依托，也是脱贫的关键。产业扶贫是最有效、最根本的脱贫措施，也是难度最大的措施。如果在产业扶贫的过程中不能发挥产业规模的优势，那么将会造成扶贫资金、人力资源和时间成本的浪费，无法有效带动贫困群众实现脱贫致富，产业扶贫的效果也将会大打折扣。因此，在扶贫产业的选择过程中，要坚持以下原则。

一、坚持因地制宜

适不适合发展，适合发展多大规模，这是选择扶贫产业首先必须要考虑的问题，简单地说就是要“因地制宜”。例如，对于种植产业适不适合发展，要科学考察当地土壤、气候、环境、劳动力等诸多因素，有的地方适宜发展，但最适宜的区域规模只有几千亩，种出来的农产品可以进行产业化；有的地方能够发展，但不是最适宜发展的地区，种出来的农产品没有市场。有的地区不适宜发展，即便种上了，不是长势不好，就是产量不高，品质较差，既没有市场，又浪费了大量资源。对于扶贫产业，一是要考虑该品质适宜的区域，二是要考虑市场因素。市场是决定产业发展成败的关键，市场销路好，价格高，贫困户发展积极性就高。反之，产业扶贫就会失败，甚至导致越扶越贫。因此，扶贫产业的选择，必须因地制宜，对于自然资源丰富的贫困地区要立足资源禀赋，选择特色农业。对于自然环境恶劣的地区，要寻找资源，开发优势，如劳动力资源等。

二、突出特色产业

要结合当地的资源禀赋、产业基础和生态环境来选择好当地的特色产业。近年来，一些贫困地区在产业选择中，没有很好地在特色上做文章，没有注重研究市场，盲目跟风，片面追求短期经济效益，选准产业是农业产业扶贫的前提条件，一定要突出特色选产业。综合考虑资源禀赋、产业基础、生态环境等因素，选择适合当地发展的特色产业，宜农则农、宜菜则菜、宜果则果、宜草则草、宜牧则牧、宜林则林，向特色要竞争力，向特色要生产力。搞好特色产业发展规划，根据当地的资源优势，聘请各方面的专家组成专家组，结合自然条件、气候条件、市场需求、消费习惯、产品特性、运输贮存、加工等综合因素，确定当地发展什么产业，并配套规划好基础设施建设，力争做到一县一产业、一村一品牌，一二三产业融合发展。

三、突出市场机制

产业扶贫，关键在“产业”。产业具有鲜明的市场性，发展什么样的产业，怎样发展产业，应该由市场说了算。推进产业扶贫，首先要明确其经济属性，必须坚持市场导向，遵循市场和产业发展规律。无论是传统产业，还是电商、光伏、乡村旅游产业；无论“企业+基地+贫困户”，还是一乡一业、一村一品、一户一策，都必须要重视市场力量，宜农则农、宜工则工、宜商则商、宜游则游，让市场成为产业扶贫的指挥棒。产业扶贫，要真正面向市场、研究市场，指导、引导民众以市场为导向，因地制宜、因户制宜、因时制宜，尽可能选好、选准具有市场前景、收益预期的产业项目，这样才能实现有产有销、有投入有回报。把产业扶贫作为攻坚“突破口”，除突出市场机制的关键作用外，政府的功能也不可或缺。对各级政府来说，引导企业积极参与扶贫，但不能没有原则，没有底线，更不能一味让利给企业，而是要强化法治思维，使有形之手和无形之手在法治轨道上同向用力，促进发展与环境和谐相处，实现企业和贫困户共赢。

四、突出融合发展

产业扶贫要坚持市场导向，遵循市场和产业发展规律，根据贫困县资源禀赋等确定特色产业，积极发展产品加工，拓展产业多种功能，大力发展休闲农业、乡村旅游和森林旅游休闲，促进一二三产业融合发展，把产业链连贯起来，拓宽贫困户就业增收渠道。因此，在产业扶贫规划时，必须要规划先行。做好全产业链的统筹布局。衔接好产品与市场之间的关系，建立和畅通与市场需求之间的信息渠道，及时掌握市场供求信息，及时对产业经营做出合理科学的调整，有效管控经营风险，通过市场经济实现脱贫致富。通过科学规划，加快发展农产品加工业，着力推进精深加工，着力打造区域公共品牌。发挥贫困地区自然环境优良、文化底蕴深厚、民俗特色突出的优势，打造扶贫全产业链，形成政府、企业和贫困群众的良性互动发展机制。

五、坚持绿色发展

扶贫产业选择必须巩固习近平总书记“绿水青山就是金山银山”的思想，“饿着肚子，护不住好生态；瘪着钱袋子，守不住绿山青水”。牢固树立“绿水青山就是金山银山”的理念，用好用活贫困地区生态绿色牌，大力发展绿色产业，切实把生产优势转化为经济优势。立足资源环境承载力，加快转变发展方式，统筹生产发展与生态保护，确保扶贫产业可持续发展。扶贫产业的选择要紧随生态保护的基本原则，必须避开走传统产业扶贫的老路。在贫困地区开展产业扶贫更必须从绿色中发展价值，从绿色中提升价值，因为这才是最根本、最理想、最持久的脱贫方式。绿色减贫是通过与自然生态环境体系和自然生产力紧密相融，将自然资源、经济资源和社会资源寓于绿色发展体系循环之中，并以此提升资源配置效率，进而获得经济效益、社会效益和生态效益的全面提升。产业扶贫注重绿色可持续所带来的减贫效应，不仅体现在收入的提高，同时还体现在环境、生态、文化等综合效应上。绿色减贫不仅使贫困人口增加收入，也进一步能增强当地政府对于环境和生态保护的积极性，同时，也让周边非贫困地区的人口能体验到良好的生态环境，真正达到了成效人人共享。

第三节　选择扶贫产业的方法

扶贫产业的选择直接关系贫困人口的根本利益，也会在较长一个时间段影响该贫困地区的经济发展趋势，应当科学、慎重选择。总体来看，选择贫困地区产业发展方向，依据本地的实际情况，可以立足资源禀赋发展特色产业，也可以利用产业结构调整承接产业转移，还可以发挥后发优势选择新兴产业。

一、扶贫产业选择的三种思路

产业扶贫的目的是带动贫困群众脱贫致富，因此，扶贫产业选择的总思路就是以精准扶贫、精准脱贫为根本，以提高贫困人口的自我发展能力和增加贫困农户的收入为出发点，充分尊重农民意愿，将产业选择与农民利益结合起来，选择贫困群众最能接受、最受欢迎、最有特色、最有效果的扶贫产业，激发贫困群众的积极性。

由于不同贫困地区的实际情况不同，产业选择的条件因素不同，因此，选择扶贫产业的具体思路也有相对差别。主要有三种具体思路。

1. 立足资源禀赋发展特色产业

这种思路是立足本地优势资源，强化一个基础特色支柱产业，利用支柱产业涉及面广、辐射力强的特点，带动多个关联产业共同发展。特色产业往往具有一定的条件基础，能够为群众所接受，在各种政策和资金的支持下也能迅速做大做强。

多数贫困地区往往是没有经过现代工业开发的原生态地区，生态优势明显。这些可以进行生态旅游资源开发的地区大多数地理位置相对偏僻，远离城市，原生态环境保存较为完整。当然，除此之外，这些地区由于地理位置偏僻、交通闭塞以及工业程度较低，经济水平也相对比较落后。我们国家的贫困地区，一直以来都是我们国家扶贫工作的重点对象。随着国家经济水平的不断提高以及扶贫开发战略的实施，带动贫困群众脱贫致富已经成为当前脱贫攻坚的主旋律。而这些地区生态环境保存相对完整，原生态的人文生活习惯保留较多，因此，成为生态旅游资源开发的重点地区。生态旅游扶贫产业的兴起和蓬勃发展为贫困地区经济发展带来了新的希望。

【拓展阅读】

生态旅游扶贫成效凸显

2017 年 4 月，贵州省岑巩县客楼镇作为第二届岑巩桃花文化旅游节的承办地，城乡到处车水马龙、宾客盈门，数以万计的海内外游客和方圆百里的各族群众络绎不绝，前来踏青赏花，乡村旅游异常火爆，生态旅游扶贫成效进一步凸显。

客楼镇位于岑巩县西北部，境内地势平坦，交通便利，生态环境优美，森林覆盖率在 69% 以上，尤以野生红豆杉数量多、树龄高。在 70 平方千米的土地上居住着汉族、侗族、土家族、仡佬族等各族人民，保存着浓郁的民族风情和悠久的农耕文化，具有发展乡村旅游的后发优势。近年来，客楼镇委镇政府围绕美丽新农村建设和扶贫大开发战略，打好“农文旅一体化”发展组合拳，大力发展农业生态观光旅游，走出一条脱贫致富的新路。一是打造万亩桃园胜境，依托春赏桃花、夏避酷暑、秋品蟠桃等自然资源，策划旅游节庆活动，以白家坝村大龙塘万亩水蜜桃产业园为中心，扩大水蜜桃种植面积，与陀子坳、丰坝、石阡、五德等地水蜜桃产业连片发展，开展农业生态乡村旅游，增加农民群众收入。二是建设黔东南大峡谷观光休闲旅游区，依托两江村丰富的水资源，历史悠久的地莲土司遗迹，远近闻名的白水滩、白马洞、三层洞风景区等，打造乡村休闲度假区，建设集垂钓、休闲、农家乐、水上乐园于一体的休闲度假山庄。三是打造避暑度假风情区，依托“红豆杉王国”下寨村亚洲最大的千年红豆杉及聚生群落、清朝飞山公主庙遗迹、仙境坡茶园云海，通过招商引资建设疗养健身休闲旅游胜地、艺术院校和创作团队的采风创作基地，增加农民就业，促进增收脱贫。

2. 利用产业结构调整承接产业转移

如果贫困地区没有较为明显的优势产业。还可以承接东部乃至国外的产业转移。由于东部沿海地区人力和经营成本的不断上升，我国劳动密集型产业的生存环境日益严峻，劳动密集型产业向我国西部，特别是西部贫困地区转移还有很大的空间。我国政府也一直在推动产业的梯度转移。自 2010 年以来，国家先后出台了《国务院关于中西部地区承接产业转移的指导意见》和《产业转移指导目录》等政策指导性文件。中西部地区有序承接东部地区的产业迁入已成为我国推进区域间经济社会公平协调发展的重要路径。中西部贫困地区发挥资源丰富，要素成本低，市场潜力大，积极承接国内外产业转移，不仅有利于加速中西部贫困地区新型工业化和城镇化进程，促进区域协调发展，而且有利于推动东部沿海地区经济转型升级，在全国范围内优化产业分工格局。因此，针对我国精准扶贫的新形势，承接东部产业梯度转移，是贫困地区选择产业的一个可行思路。

3. 发挥后发优势选择新兴产业

如果贫困地区具有一定的特殊资源，对某种新兴产业、高新技术产业有较为明显的比较优势，可以考虑借助科技进步发展新兴产业，发挥贫困地区的“后发优势”，实现弯道超车。

扶贫开发促进了贫困地区物质和人力资本积累及基础设施的改善，贫困区域要素禀赋结构同时也发生着变化，会产生新的潜在的比较优势，产业扶贫要抓住比较优势的变化来引导进行产业升级和技术创新，扶持从初级劳动、资源密集型产业逐步向资金、技术密集型产业发展，促进优化产业结构，促进扶贫产业向技术创新转变。

为贫困地区引进高新技术产业、先进制造产业、生态友好型产业能拓宽贫困地区发展空间，夯实和稳固贫困群众收入增长机制。“科技带动产业发展—企业壮大—百姓受益”的新兴产业扶贫模式，成为贫困地区选择扶贫产业的一种新型思路。

二、扶贫产业选择的主要方法

根据扶贫产业的特殊性，扶贫产业要立足贫困地区的特殊属性，能够代表贫困地区经济发展趋势，能够带动贫困群众持续增收，促进区域协调发展。在确定了扶贫产业的选择思路之后，具体考虑实施办法进一步落实扶贫产业。选择发展什么产业，要通盘考虑和论证，一般情况下，可以通过扶贫产业的区位商因素、扶贫产业与产业的关联度、扶贫产业的需求弹性和扶贫产业的技术先进性4个方面来考虑。

1. 区位商法

产业的区位商是一个地区特定产业的产值在地区工农业总产值中所占的比重与全国该产业产值在全国工农业总产值中所占比重之间的比值。选择扶贫产业要充分考虑该产业的产值大小，从而确定该产业的发展潜力。

2. 产业关联程度法

选择的扶贫产业与其他产业关联度高，产业之间的联系越广泛，越能通过乘数效应带动贫困地区经济的发展。所谓产业的关联度是指各产业之间的相关程度，在产业关联链中必然存在与其相关的产业，这个产业的发展对其前向、后向产业的发展具有较大的促进作用。因此，将这个产业作为扶贫产业有利于带动其他产业的协调发展。例如，以旅游产业为主导的扶贫产业，会带动与旅游产业相关的以旅游纪念品为主的制造业的发展、以特色食品为主的农业发展，以及交通运输业等的发展。

产业之间的关联程度通常用产业的影响力程度和感应度系数来表示，这两项指标都能够较好地反映产业间相互联系程度。影响力程度是指产业部门增加一单位生产要素时，对所有产业的生产要素影响程度。感应度系数是各产业增加一单位生产要素时，特定产业受到的需求感应程度。这两者都反映了一种产业的发展与其他产业发展的内在联系。

3. 市场需求法

在市场经济的条件下，国民收入经过初次分配和再分配，最终形成了对各种产品的有支付能力需求。市场需求是产业生存、发展和壮大的必要条件之一。作为扶贫产业，必须拥有长期而广阔的市场容量。扶贫产业的产品应在本地区甚至国内具有较大的、长期的需求。如果没有足够的市场需求拉动，扶贫产业很快就会衰落，贫困群众的增收动力就会缺乏后续动力。判断某项扶贫产业是否有市场需求，可以简单地用需求弹性系数来判断。

需求弹性基准是从需求角度看某产业的变化对人均收入变化的反映度。需求收入弹性是在价格不变的前提下，反映该产业的产品社会需求随国民收入的增长而增长的趋势。

产业是一个诸要素相互关联的系统，产业需求结构的任何一点变动都将触发产业系统的方方面面。只有把产品需求的收入弹性系数最高或较高的产业作为扶贫产业，才能促进贫困地区收入水平的提高和消费结构的提升，才能保证贫困地区经济的持续增长。例如，随着居民收入的提高，对于旅游的需求愿望就提高。

4. 产业科技度判断法

从供给角度来看，选择技术进步快、生产率和上升率高的产业为扶贫产业。一般来说，技术、知识密集型工业比劳动密集型产业技术进步要快。扶贫产业与其他产业的一个重要区别就在于它要保证贫困地区有持续的经济增长动力，这就要依靠科学技术进步，获得新的生产函数。因此，扶贫产业的选择必须特别重视技术进步的作用，从而提高产业的劳动生产率，增加产品的技术附加值，在市场竞争中获得技术优势，提高产业扶贫的质量。

三、扶贫产业选择的实施步骤

1. 深入调研、摸清家底

对贫困地区具体情况的深入把握，是选择扶贫产业的基础。选择扶贫产业，有必要成立专门的决策咨询小组，吸纳有关政府部门、企业、科技专家、经济学家对扶贫产业的有关决策提供决策支持。重点就以下几个方面进行前期调研。

（1）调研资源禀赋，了解地区的资源优势。重点调研地理位置、土地分布、区位状况、气候条件、自然资源蕴藏等情况。

（2）调研现存的产业基础。重点调研现存产业的产业结构、总体规模、区域分布、市场前景、带动贫困人口增收能力等方面。

（3）调研劳动力状况。重点调研劳动力总量、年龄梯度、性别比例、区域分布、技能状况、学历层次、劳动力输出与输入情况。

（4）调研各类支持政策实施情况。重点调研国家各类产业发展支持政策在本区域的实施情况、产业发展效果以及脱贫增收效果。

(5) 调研群众意愿。重点调研贫困人口的参与意愿、擅长技能、积极性，对贫困人口的个人技能、个人职业的发展意愿也要进行调研。

2. 明确发展思路

依据前期调研情况，立足本地实际，明确扶贫产业的具体发展方向。有一定资源优势、产业基础，或某种产业具有明显竞争优势的，可以立足本地资源，发展特色产业；有一定区位优势、劳动力资源优势明显的，可以考虑承接发达地区产业转移；区位优势明显、政策支持，具有高新技术、产业发展特殊优势的，可以选择发展高新技术，通过发展高新技术带动区域经济的发展，从而带动贫困人口增收。

3. 选择具体产业

明确发展方向以后，要明确几种具体产业作为贫困地区的具体主导产业。主导产业的选择，一般通过区位商法、产业关联度法、市场需求法、产业科技度判断法等方式来确定某种产业是否能够作为该贫困地区的扶贫产业。

4. 试点实施

确定了具体的主导产业之后，选择资源基础、劳动力条件、产业发展情况能够代表该地区一般水平的区域进行试点。试点对贫困人口要有一定程度的覆盖，要重点覆盖贫困人口、贫困户。试点期间，重点考察产业的市场前景、带动增收、环境友好程度、产业发展改进空间等。此外，试点期间要对该产业的发展在政策和资金上进行一定程度的倾斜。

5. 确定扶贫产业，全面布局实施

通过试点，观察产业能否达到脱贫攻坚的目的。如果效果较好，可以考虑全面布局实施推进。首先，成立专门机构制定产业发展规划；其次，进行有关配套基础设施的改进完善，提升产业发展效率；再次，明确各类保障措施，地方政府应该配合出台有关保障制度，在政策和资金上给予支持；最后，购买各类产业保险，对产业发展出现失败的情况通盘考虑，尤其是种植养殖产业、家庭手工业，要积极引导贫困人口购买有关产业保险，防范产业风险。

第四节　选择扶贫产业的策略

目前，正值打赢脱贫攻坚战的攻坚期，结合目前的脱贫目标和贫困地区的实际情况，我们认为当前选择扶贫产业应主要考虑以下策略。

一、重点考虑选择特色种植、养殖产业

贫困地区的产业发展重点考虑种植、养殖产业。种植、养殖产业是贫困地区长期从事的产业，技术难度小，贫困户上手快，容易取得比较好的效果。

此外，国家近几年对于特色种植、养殖产业的扶持力度比较大，补贴政策多，也能在很大程度上降低特色种植、养殖产业的生产成本，生产效益较好。因此，贫困地区应该把特色种植、养殖产业作为重点考虑的产业方向之一。

二、选择当地有发展传统的产业

一些贫困地区某一产业有着悠久的历史，这些产业在长期的发展中，已经形成了比较成熟的种植经验。也形成了比较好的口碑和特色，有相对固定的市场和销售网络。更为重要的是，其中相当一部分存在“橘生淮南则为橘，生于淮北则为枳”的现象。使得这类具有历史传统的产业在市场上具有非常强的竞争力。这些产业以中药材、茶叶、烔草等种植业为主，有比较好的经济价值，可以重点选择这些产业作为扶贫产业。此外，这些产业在发展的过程中，要注意引进高端技术，延长产业链、提升产品的附加值，争取在原

产地形成一定的深加工链条。

三、选择政策支持较多、投工投劳投资较少的产业

贫困人口相对来说受教育程度低、掌握的生产技能少、初始资金量小、抵御风险的能力也比较低，因此，他们适合一些支持政策较多、投工投劳投资较少的产业。尤其是适合一些可以通过资产收益模式进行获益的产业，例如，目前各地积极发展的光伏产业，就是典型的支持政策多、投工投劳投资少的产业，特别适合解决无劳动力、弱劳动力的贫困家庭可持续增收问题。

四、选择劳动密集型产业

就业是解决贫困人口脱贫的重要抓手之一，因此，贫困地区的产业选择可以把解决农村贫困劳动力就业作为选择产业的重要指标。地方政府应该大力支持贫闲劳动力就地就近就业，引导和支持劳动密集型行业企业到贫困县投资办厂或加工项目分包。

近年来，东部沿海城市的企业不少都遭遇发展瓶颈，这个瓶颈就是劳动力价格的快速上涨，让企业不堪重负。如果政府出台优惠措施，鼓励企业，特别是劳动密集型行业企业，到内陆地区去，到贫困县去投资办厂或加工项目分包，就可以形成双赢：一方面，在贫困地区，有大量廉价的劳动力，有利于劳动密集型企业的发展。另一方面，劳动密集型企业通过大量招收贫困户群众，让他们从农民摇身一变成为产业工人，有了稳定的收入，对于脱贫的作用也很大。

【拓展阅读】

“扶贫车间” 探索中国产业扶贫新模式

新华社济南12月6日电（记者陆芸 闫祥岭） 山东省菏泽

市鄄城县西曹村村民石翠平在63岁这年成为了一名产业工人。

去年以来，只要家里没事，石翠平都会来村里新建的车间编织藤椅。车间实行计件工资制，石翠平平均每个月可以赚到2 000元。

比起远在宁波打工的儿子，这点工资并不起眼。但石翠平说，这工作不算太累，又能和一起工作的工友聊聊天。最重要的是，弹性工作制让她可以按时接送上学的孙女。

在这个约400平方米的“扶贫车间”里，像石翠平这样的“新晋”工人约有60人，其中20多人是建档立卡的贫困户。过去两年里，菏泽市建成运营2 800多个这样的扶贫车间，帮助有就业愿望但难以外出打工的农村妇女、老人、残障人员实现“挣钱顾家两不误”。

“扶贫车间让贫困群众在家门口参与体面劳动，凭自己的双手脱贫致富，实现了‘扶贫不养懒汉’的扶贫宗旨。”菏泽市扶贫办主任蔡维超说。

“经过多年努力，容易脱贫的地区和人口解决得差不多了，剩下的都是‘硬骨头’，越往后脱贫攻坚成本越高、难度越大、见效越慢。”国务院扶贫办主任刘永富日前在接受新华社记者采访时说。

扶贫车间作为地方产业扶贫的探索，为帮助剩下的“贫中之贫”“困中之困”稳定脱贫提供了新思路。

蔡维超说，扶贫车间既承担着帮助留守人员就业的任务，又支撑着当地的户外家具、发制品加工等劳动密集型产业发展，为村集体增加了租金等收入，实现多方共赢。

在鄄城县发制品产业园，“招工”的字牌随处可见。长期的劳动力外流使得许多当地企业在城区招工困难。鄄城泓聚源工艺品有限公司经理范继福说，公司把发制品加工程序中最简单的撕发、拉发等工艺下放到6个村里的扶贫车间，比起请工人来工厂做工，成本节省了近20%。

扶贫车间也为当地企业扩大生产规模带来了机遇。菏泽市郓城县顺城玩具有限公司负责人李继元告诉记者，自从去年企业入驻了由青岛市工商联援建的扶贫车间，公司由一个10个人的小作坊扩张成了近50人的玩具厂，产品销往全国各地和东南亚、德国等海外地区，年利润60余万元。

看到家门口的脱贫致富机会，越来越多的外出务工人员带着信息、技术、资金和项目返乡创业，承租扶贫车间。据介绍，目前菏泽市有7.5万名返乡创业人员，领办创办企业3.8万家，其中承租扶贫车间567个，带动7 956名贫困群众脱贫。

五、选择能够解决农产品过剩的产业

进入21世纪以来，我国各类农产品产量不断增加，粮食、水果、蔬菜、豆类等作物的生产都存在过剩的情况。此外，精准扶贫以来，各地对于种养殖产业的大力投入，一定程度上也加重了农产业过剩的程度。扶贫项目很多都集中在农业生产上，这就形成了一个巨大的问题，由于经济作物，如水果、特色农产品、肉禽类，这些产品在国内基本都属于产能过剩，产业扶贫以后，增加了产量，增加了供给，但是市场没有进一步的扩大。因此，会造成大量的农产品销售不出去，甚至连生产成本都收不回来。这不仅大大挫伤了农民的积极性，更是让产业扶贫的效果大打折扣。在农产品产量较大、较为丰富的地区，可以选择一些能够解决农产品过剩问题的产业，如各类食草动物的养殖，各类水果、蔬菜的深加工产业。在总需求很难在短时间内取得明显突破的情况下，改善“供给侧”的供应状况，通过发展能够解决农产品过剩的产业减少过度供应，是最为有效的办法。

六、选择绿色产业

绿色产业既是扶贫的方向，也是未来产业发展的方向。贫困地区在选择产业的时候，重点要选择无污染、低能耗的产业，最好是能实现生态保护与经济发展、扶贫脱贫同步发展。因此，可以探索一些在产业发展过程中，对环境改善作用较大的产业，可以参考“晴隆模式”。“晴隆模式”通过在石漠化地区人工种草，大幅改善了石漠化地区的生态环境，再在草地上开展各类畜牧产业，走出了一条经济、生态、扶贫效益三同步的道路，非常值得贫困地区借鉴。

七、选择贫困户收益更多的产业

资产收益扶贫可以通过产业发展激发生产经营活力，是确保贫困户受益的关键，既事关生产力发展，又涉及生产关系调整。近年来，不少地方都在积极探索，取得了较好的成效，积累了不少经验，为产业精准脱贫奠定了坚实基础。如在河北威县实施的“金鸡产业扶贫计划”，将扶贫资金量化为股本分配到每个贫困人口，以合作社为依托，实行公司化管理，确保了贫困人口长期稳定收益。

第四章　产业扶贫模式和路径

第一节　产业扶贫模式

西方有句著名的谚语，“一千个读者眼里有一千个哈姆雷特”，同样地，每个贫困地区也有各自风格迥异而行之有效的产业扶贫模式。贫困地区因自然禀赋、致贫因素、劳动力条件、地理区位等因素的差异，产业扶贫模式的选择也应该因地制宜，以精准为导向因势利导。因此，从这个层面上讲，合适、符合地区实际的产业扶贫模式就是最有效的，并不存在通用的一般意义上的最有效模式。

一、以产业扶贫带动主体划分

主要有龙头企业带动型模式和专业合作社带动模式，见下表。

表　专业合作社模式与龙头企业带动模式比较

项目	专业合作社带动型	龙头企业带动型
基本模式	合作社+农户	龙头企业+农户
内源资金	主要来源于农户（资金相对分散）	源于企业（资金雄厚）
外源融资	主要依靠政府政策支持、专业大户联保贷款	主要依靠银行贷款和股权融资
稳定性	需要靠惠顾额返还和入股分红保持稳定关系，一旦出现亏损或风险，易出现退社现象	农户和企业签订合同，关系比较稳定，但容易出现道德风险和违约风险
前提条件	由能人或大户带动，社员发展为专业农户，积极入股合作社	由大型龙头企业带动，广大农户积极参与

（续表）

项目	专业合作社带动型	龙头企业带动型
发展空间	有动力，但受资金限制，产业链条延伸不够，生产合作社很少涉及加工项目	有动力，有能力，产业链易延伸
农户参与度	产业化经营参与度高，按一人一票或投资额参与合作社管理	产业化经营参与度低，按合同完成生产任务
农户收益	获得生产劳动收益、惠顾额返还收益和入股分红收益	获得劳动收益

1. 龙头企业带动型模式

以大型企业为龙头，以农户为主力军的产业化经营模式，企业和农户双方通过签订合同建立委托代理关系，企业下订单给农户并进行产品收购，农户则按合同要求完成产品生产任务。该模式有效地带动了农业产业化发展，但企业与农户之间的委托代理关系很不稳定，且容易产生逆向选择和道德风险问题。逆向选择主要是企业可能会隐藏或以虚假的信息欺骗农户，道德风险是指农户可能利用企业无法观测自身行动而采取机会主义行为。逆向选择和道德风险存在的主要原因是产业链条的上下游主体之间利益联结不紧密。

2. 专业合作社带动模式

由能人、专业大户或村委会等机构组建合作社，通过吸纳农户入社，实现农业产业化经营。专业合作社是农户自愿联合、民主管理的互助性经济组织，能够最大限度地实现农户利益。但在中国农村社会缺乏西方国家的法治契约精神、民主基础与产业合作意识，故在合作社发展过程中出现“建立容易，运行难”的问题，目前运行的绝大部分合作社内部治理混乱，农户与合作社利益联结松散，无法实现风险共担和产业共兴、利益共享。

除此之外，也有“公司+合作社+农户”模式。第一，有了合作社这一中介，避免了公司组织分散农户的困难，降低了公司与分散农户的交易成本。第二，公司的支持带动能够促进合作社的长远发展。第三，此模式能够快速提升农业产业化水平和产业规模，形成一定规模的产业带和产业链。而产业带和产业链的形成是扶贫产业长久发展的关键。第四，三方积极性的充分调动，实现了三方共同发展、共同受益。实践中，多地在此模式的基础上衍生了“公司+合作社+金融机构+农户”模式。此种模式融合了前两种模式的优点，也在一定程度上克服了前两种模式的弱点。如若探究其不足，主要表现为一点：公司（龙头企业）的市场主体性质使其不可避免地具有较强的自我逐利性，如果没有政府有力的支持和监督，其扶贫责任很可能难以有效兼顾。

江西恩泉油脂有限公司（以下简称“恩泉油脂”）是直接生产带动的典型企业。该企业地处江西省国家级贫困县、省重点扶持的特困片区县上饶县。该县位于四省交界之处的深山里，山路蜿蜒曲折，经济状况较落后。截至 2018 年年初，全县共有贫困村 91 个，贫困人口 74 940 人，贫困户 19 587 户。恩泉油脂是一家以培育、种植、生产、加工、销售油茶产业为一体的油脂加工企业。恩泉油脂通过“公司+基地+合作社+农户”的模式直接带动上饶周边各乡镇的农户投入油茶产业中，带动农户特别是贫困户增收。恩泉油脂现设有恩泉、蓬发、弘翔、饶峰 4 个农民专业合作社，合作社为贫困农林户提供“产前、产中、产后”一条龙服务，形成了统一规划、统一种植、统一销售的产业链。贫困户与恩泉油脂签订合作协议，用自有荒山旱地种植油茶，前三年由恩泉油脂为其免费提供苗木、肥料、技术指导等服务；三年成活后交农户自己管理，进入盛果期后由恩泉油脂以协定价格收购。合作社为种植油茶的贫困户免费提供农资支持，每年为农林户提供油茶苗 100 万余棵；和贫困户签订了保护价购销合同，进行契约式生产，发展订单农业。该企业的直接生产带动起到了显著的作用，恩泉油脂通过订单基地采购原材料流动资金投放总额 9 172 万元；通过其他方式采购原材料流动资金投入 5 849 万元。公司每年为农林户提供油茶苗 100 万余棵，切实带动农户发展油茶产业，带动农户脱贫致富。

二、以部门参与为特色划分

1. “金融服务+”产业扶贫模式

以江西赣南为例，通过银政合作，探索金融与财政的合作扶贫机制，以增强贫困地区的自我“造血”能力，引导银行业机构对接因“缺产业、缺资金”致贫的贫困地区和贫困户，支持果业、林业、油茶、生猪等特色农业和新型农业经营主体。通过创新“创业信贷通”“扶贫信贷通”“油茶贷”“金穗光伏贷”等金融扶贫新产品，发挥创业担保贷款在鼓励创业、推动扶贫方面的作用。2014 年直接扶持创业 1.4 万人以上，带动就业 6.5 万人以上，在帮助老区人民通过创业、就业脱贫方面，取得了良好的效果。

2. “特色旅游+”产业扶贫模式

以国家旅游扶贫试验区建设为契机，充分发挥旅游业的拉动力、融合能力及其催化、集成作用。以 90 个“美丽乡村旅游扶贫重点村”为重点发展乡村旅游，让更多游客体验赣南老区生态、红色、客家文化旅游，借助体验式旅游平台销售脐橙、油茶等原产地品牌农产品，把乡村旅游与特色产业相融合，为贫困人口创业、就业、增收提供平台。通过旅游大项目的建设带动就业扶贫，发展乡村旅游带动创业扶贫，通过旅游资源如山林、果园、土地、房产等生产资料和资源合作参股、投工投劳等运作模式带动创收扶贫。“旅游+”的扶贫模式，贫困户参与性强，能有效拓展农业的多重功能，具有创造价值并放大价值的作用，有利于打开贫困地区的封闭状态，有利于提升人口素质和带来开放观念，带来贫困地区人口物质上和精神上的双脱贫。

3. “互联网+”产业扶贫模式

通过搭建电商平台，让生产特色农产品的贫困群众与买家无缝对接，带动贫困农户脱贫致富。江西省宁都县和于都县作为国家级电子商务进农村综合示范县，大力发展电商产业平台，与阿里巴巴集团开展战略合作，优先选择贫困户为村淘、京东、农村e邮的乡村合伙人，统一进行岗前培训。依托点对点电子商务销售模式，探索电商扶贫新路径，于都县已吸纳200余名贫困户为合伙人。兴国鼎龙乡引入电子商务新模式后，在13个村设立了村级电商服务站，并创建统一销售平台，将原来只在线下销售的生态土鸡等农产品，统一包装上网，并进行物流配送。目前，赣南老区搭建并利用电子商务平台销售“赣南脐橙”的数量已超过销售总量的10%。从实践效果来看，该模式将生产、流通以及消费带入了一个网络经济、数字化生存的新天地，有效地降低了交易成本，增加了贫困农户收入。

4. “移民搬迁进城进园”产业就业扶贫模式

结合新型城镇化和工业园区发展，扶持贫困农户进城进园务工就业。以户籍改革为契机，于都、安远、瑞金等县（市）按照群众自愿、规模适度和梯度安置的原则，开展整体移民搬迁。于都在深山区搬迁移民扶贫“进城进园”工作上，先行先试，创造性地提出并推进县城工业园区、中心镇、中心村三级梯度安置模式，成为江西省移民搬迁“进城进园”试点示范县。截至2014年年底，赣州市12个县（市、区）进城进园试点项目稳步推进。从实践效果来看，能成功实现农民搬得出、能致富的问题，搬迁群众在企业实现就业以解决园区企业的“招工难”问题，通过人口集中居住，凝聚城镇人气和消费市场。该模式有效促进了扶贫开发与新型城镇化、工业化相互支撑，融合联动。

【拓展阅读】

中国人民银行黔江中心支行金融产业扶贫

中国人民银行黔江中心支行对口帮扶的黄溪镇共林村，是重庆市贫困村。该村距离最近的城区 78 千米，当地村民大多分散居住在海拔 800 米左右的高山上，地理位置偏远、基础设施欠缺、经济资源匮乏、产业结构单一等因素成为共林村脱贫路上的“拦路虎”。通过多方努力，该行引进了重庆三东科技公司，以金融支持产业扶贫模式，在共林村建起标准化肉牛养殖场，组建了养牛合作社。为有效解决贫困户养牛资金瓶颈问题，该行与当地有关政府部门共同推动成立了产业扶贫风险补偿基金，首次推行“央行+风险补偿基金+银行+企业+贫困户”的扶贫模式，公司向当地商业银行贷款融资，承贷行可按照风险补偿基金 5~10 倍放大贷款，通过这种模式进一步深化了银行、政府、企业三方在产业支持精准扶贫、精准脱贫领域的合作，大胆探索了“改补为借、改补为贷”新模式，改“输血式”为“造血式”扶贫，纵深推进扶贫攻坚工作。据了解，当前共林村标准化肉牛养殖场一期工程已经建成投用，共养殖能繁母牛 80 余头。针对有意愿养殖但又没有劳动能力的贫困户，可入股合作社，在中心示范场集中饲养，根据农户贷款入股资金情况，年终进行分红，并且连续 5 年获利。肉牛养殖产业的发展，还带动了当地及周边村民通过土地流转、务工、种植草料等方式增加收入，户均增收 5 000 元以上。

三、以帮扶的形式为标准划分

根据帮扶的形式可以将产业扶贫模式分为直接帮扶模式、委托帮扶模式和捆绑帮扶模式。

1. 直接帮扶模式

直接帮扶模式是对有劳动能力、有致富愿望、有贷款意愿、有收入保障，遵纪守法、信用观念好，并参与产业扶贫开发或自主选择了较好的小型生产经营项目，即“四有两好一项目”的贫困农户直接发放小额信用贷款进行扶持。贷款利率执行同档次贷款基准利率，按期归还贷款的农户可以享受金融产业扶贫到户贷款贴息政策，最高贴息额由贫困农户家庭人口确定，按照 1 500 元/人的标准计算。

2. 委托帮扶模式

委托帮扶模式是对劳动力少、经济基础差的贫困农户采取“公司+农户”“合作社+农户”“家庭农场+农户”等方式来帮助脱贫致富。具体操作方式为扶贫部门与公司、合作社或家庭农场签订委托帮扶协议，信用社为其提供扶贫经济组织贷款，享受金融产业扶贫项目贷款贴息政策，贴息率为同档次贷款基准利率的 60%，贫困户通过土地入股、提供劳务等形式参与产业开发，实现脱贫致富。

3. 捆绑帮扶模式

捆绑帮扶模式是将企业和贫困农户进行利益捆绑，由企业向信用社提供担保金，信用社为农户提供贷款，农户以自有资金或担保贷款人股成为基地股东，参与基地生产。例如，湖南乐天然果业公司向信用社注入担保金 300 万元，信用社向贫困户提供贴息贷款参与该企业三叶木通种植基地建设，企业提供技术指导和收购，与贫困农户形成利益捆绑，目前，已带动夹山镇、太平镇、维新镇等贫困农户 155 户直接或间接就业，人均年收入 1.8 万元以上。

存在的问题主要有两个：一是存在贫困面大和参与金融产业扶贫的银行机构不多的矛盾。以湖南省石门县为例，截至 2015 年 9 月末，石门县还有贫困村 122 个，主要分布在壶瓶山、南北镇、罗坪等中部和西北部山区乡镇；按人均年收入 2 300 元以下的贫困标准线，全县仍有贫困人口 7.5 万人，贫困发生率高达 12.5%，贫困面比较大。但从金融扶贫实际看，除农村信用社合作社在省联社统一部署下积极开展金融产业扶贫试点，其他银行机构均没有对分支行的金融扶贫工作加大推进力度，政策上缺乏必要的激励和引导，参与扶贫开发的主动性和积极性明显不足。二是产业载体较少，适应精准扶贫需求的金融产品缺乏。

四、其他产业扶贫有效模式

1. 资产收益型产业扶贫模式

资产收益型产业扶贫模式是以扶贫攻坚规划和重大扶贫项目为平台，整合扶贫资金等各类扶贫资源，用整合起来的部分扶贫资金作为资本金，设立国有农业投资公司，农投公司的规模要与产业扶贫项目和贫困人口的规模相匹配。农投公司充分利用政府扶贫贷款贴息政策。吸收政策性金融资本，扩大农投公司的资金来源和资金规模。在具体操作上，农投公司应发挥资本金的杠杆作用。按照一定比例向政策性银行申请扶贫贷款，贷款利息由政府产业扶贫基金予以全额补贴。农投公司根据产业扶贫项目的具体要求，用自有资金和贷款取得的银行资金进行投资，形成收益性资产，然后将收益性资产租赁给产业资本经营，租赁期限时间跨度较长，可以长达几十年。由于收益性资产是专门为产业资本量身定做，产业资本须为形成该收益性资产的政策性贷款提供担保。产业资本每年将定期向农投公司支付收益性资产的租赁费，农投公司在扣除须偿还的银行贷款本息后，每年均可以取得固定的资产收益。收益性资产租赁期满后，农投公司将收益性资产以一定价格出售给产业资本，完成财政资金的完全退出。

资产收益型产业扶贫模式的优点表现在以下几个方面：一是能够充分发挥财政扶贫资金的杠杆作用，吸引更多资金投入扶贫脱困之中。二是能够获取长期稳定的扶贫资金来源。三是降低了财政扶贫资金的风险。财政扶贫资金投资形成的收益性资产与产业资本之间的关系是租赁关系，农投公司既不参与产业资本的经营活动，也不承担经营活动所产生的风险，其每年获得的是固定的租赁收益。再加产业资本又为农投公司的政策性银行贷款提供担保，这就进一步降低了扶贫资金的风险。四是能够吸引更多的产业资本投资扶贫项目。五是解决了部分贫困人口的就业问题。六是真正实现了精准扶贫。政府将资产收益权量化到每一名贫困人口以后，扶贫资金与贫困人口之间实现了一一对应关系。

湖北龙王垭茶业有限公司是通过资产收益模式带动的典型案例。该企业位于湖北省竹溪县，地处鄂、渝、陕三省交界的秦巴山区，全县贫困人口数量约 11.1 万人，贫困发生率为 35%，高于全市 0.9 个百分点，高于全省 20.5 个百分点，高于全国 26.4 个百分点。竹溪县作为“国家级贫困县”，贫困人口多，扶贫难度大，任务重，是鄂西北地区攻坚扶贫的主战场。湖北龙王垭茶业有限公司在扶贫攻坚主战区竹溪县发挥了重要的扶贫作用。该企业成立于 2006 年，公司以生产绿茶为主，兼营红茶、黑茶等 70 多个品种，2017 年年产茶叶总量 145 万千克，年销售收入 23 402 万元，缴税金总额 1 567 万元，是竹溪当地茶叶产业的纳税大户。目前，公司引领茶叶产业纵深发展，投资发展旅游餐饮等服务业，龙王垭生态旅游发展公司于 2013 年正式投入运营，成为竹溪县首家功能完备的经营性旅游区，也是十堰市唯一茶园旅游区，被评为全国休闲农业示范点。湖北龙王垭茶业有限公司鼓励茶叶专业合作社茶农以茶园折资入股，年终发放利润返还。公司与竹溪县龙王垭、健茗两个茶叶专业合作社连接，2017 年入股茶农每户年终分红 3 015 元，总金额 271.5 万元，其中，贫困户 675 户，非贫困户 225 户，合作社发放贫困户入股分红 203.5 万元。

资产收益模式通过“资源变资产、资金变股金、农民变股东”等方式，整合自然资源和政府扶贫资金，依托于龙头企业的经营运作，通过增加财产性收入带动贫困户脱贫。由此可见，贫困户或农村集体经济组织利用财政资金股权量化形成资产的财产权、收益权与龙头企业开展股份合作，是带动农民脱贫致富的长期有效方式。

2. “增量奖补法”产业扶贫模式

“增量奖补法”实行奖补资金限额到户，产业补助标准统一，项目选择贫困户自主，重点奖补新增产量，其余奖励产业成效，实行村初验、乡镇验收报账，资金分阶段“一卡通”直拨到户，最大限度调动了贫困对象发展增收致富产业的积极性，充分发挥了贫困户的主体作用。具体做法如下：产业发展因户施策规划到户；奖补资金标准统一及时到户；产业建设管护全程监管到户；乡村验收把关资金直补到户。

巴中市通江县在精准识别贫困户的基础上，于 2015 年 9 月在董溪乡尖场坝村启动“增量奖补法”产业扶贫创新试点。全村通过“一事一议”确定将 30 万元财政专项扶贫资金，全部按照“增量奖补法”用作产业奖补资金，即锁定贫困户原有产业品类与规模基础数据，依据贫困程度深浅和人口多少确定奖补到户产业资金额度，议定产业分类补助标准，80%资金重点用于奖补新增产量，20 %资金用于奖励产业发展成效。全村拨付产业周转金 20 万元，发放扶贫小额贷 8 户、36 万元，现已撬动贫困户投资（含以劳折资）150 多万元，除村内原有 5 万多千克种子，还从外地集中采购魔芋种 18 370 千克，25 户领种栽植，28 户未种植魔芋及种植较少的贫困户已获得第一批增量奖补到户资金 10 万元，除 3 户长期在外务工的贫困户冬季才返家发展外，其余 42 户家家都有致富增收产业，2015 年该村贫困户人均纯收入达到了 3 890 元。

3. 其他模式

有学者以湖南湘西自治州为例，基于产业扶贫开发的市场参与程度，按照政府与市场在产业扶贫开发中的相对作用，将产业扶贫开发模式分为“强市场+弱政府型”“中性市场+中性政府型”和“弱市场+强政府型”。陕西安康市发挥党支部的领导核心作用，农业企业、种养大户、合作社带动作用，吸收贫困户融入特色农业产业链，探索提出了农业产业精准扶贫的四种模式，即“党支部+公司+贫困户”的“规模流转”模式、“党支部+园区+贫困户”的“分块倒包”模式、“党支部+能人+贫困户”的“保底代养”模式和“党支部+合作社+贫困户”的“订单种植”模式。此外，美国、法国等发达国家通过资源产业转移支付、项目支持农村发展援助、国土开发与整治等手段达到产业扶贫的目的。

第二节 产业扶贫路径

产业扶贫服务于脱贫攻坚，助力于县域经济的发展；特色产业诸如农业、旅游等产业选择既是因地制宜、因资源禀赋制宜的结果，也是提升贫困农户参与度、受益度，最终达到提升贫困群体内生发展能力和脱贫致富目标的重要抓手。从这个意义上出发，产业扶贫路径的选择既是契合区域发展的产业补充，也是推动贫困个体就业脱贫的重要途径。选择合适的产业扶贫路径需要对相关的影响因素加以考虑，并对产业扶贫的不同参与主体加以分析。

一、产业扶贫路径选择的影响因素

1. 资金问题

面对产业发展机会时，缺乏购置基本生产资料的资金是贫困农户坐失良机的常见原因。在这种情况下，通过小额信贷提供金融支持，或通过支持企农合作将投资环节、劳动密集环节分别分割给企业与农户，是促进贫困农户有效利用产业发展机会的有效途径。

2. 科技服务与能力建设

特色产业发展实践中，技能不足是导致贫困户边缘化的另一个重要原因：阻碍贫困户参与产业发展，或者在贫困户参与后制约其获得平均水平的投资回报。针对这种情况，政府应通过购买公共服务等方式，按照需要什么提供什么的原则，面向贫困户提供针对性的能力建设服务和农业科技服务。

3. 生产与产业条件

在市场一体化的经济大环境中，贫困户的存在特别是贫困户集中而导致的贫困村的存在，除扶贫对象家庭的原因外，通常也与其所处村庄或所拥有土地的交通、水利等基础设施条件有关。当基础设施条件较好的村庄、农户发展特色产业取得突出成效以后，因生产条件制约而难以摆脱贫困的那些农户就会非常清晰地浮现出来，基础设施建设的重点和方向也会清晰地呈现出来，政府沿此方向即可开展基础设施领域的精准扶贫。

4. 股份化合作

贫困农户以土地、财政扶贫资金入股龙头企业、合作社并获取资产性收入，在特色农业精准扶贫实践中具有特别的价值。一方面，对于劳动力缺乏的贫困户来说，他们无法有效通过投入劳动分享特色农业发展的果实，资产收益扶贫是一条可行途径；另一方面，即使贫困户可以获取特色产业劳动密集环节的收入，若缺乏分享资产收入的机会，他们在产业链中仍然处于低端位置，增收空间有限。因此，政府通过土地制度、农村产权市场、扶贫资源资产化等措施支持贫困户入股特色农业相关龙头企业、合作社，使其获得资产性收入，是精准扶贫实践中值得大力探索的新领域。

5. 风险防范

一方面，贫困地区产业发展具有天然的脆弱性，面临灾害和市场两方面风险；另一方面，贫困户也具有脆弱性，抗风险能力差。两方面因素相交织，致使贫困户面临特色产业发展机会时，即使拥有可投入的资金，也常常因为惧怕投资风险而不敢投资、放弃投资。针对这种问题，政府应该通过支持开展诸如农业保险等为产业扶贫提供兜底保障。除推广已经开展的一些灾害保险外，更重要的是要探索开展产品价格保险。在商业保险缺乏开展农业保险的积极性时，政府要积极介入，通过保费补贴等措施支持农业保险的发展。特别是要优先支持扶贫产业相关保险产品的供给。

二、政府、产业和贫困户路径三管齐下

1. 政府路径

首先，农村基层政府部门要紧紧把握国家政策导向和资金投向，捕捉信息、掌握重点，健全机制、主动作为，通过加大项目谋划力度等，积极争取上级政策资金支持。其次，扶持中小型企业，从税收和财政方面入手，减轻中小企业压力，支持中小企业的创业与创新。再次，争取上级部门专项资金扶持，加大农技推广力度。采取多形式全方位的办法，如利用电脑、宣传册、开展下乡教育等方法，改变农民传统种植观念。同时，积极配合国家的精准扶贫步伐，将搬迁扶贫、文化扶贫、产业扶贫与教育扶贫等优惠政策与发展生态农业有机结合，增强“造血”功能。

产业扶贫进程中的政府路径具体包括三个方面的内容。一是精准识别扶贫对象。按照分级负责、精准识别、动态管理的原则，根据统一的扶贫对象等级识别办法与标准体系，从贫困区域到贫困村再到贫困户，逐步细化扶贫对象，确保真正搞清贫困人口、贫困程度、贫困原因等基本情况，建档立卡，并将基本资料和信息进行动态管理，为产业精准扶贫打下坚实基础。二是精准使用扶贫政策。根据扶贫对象特点，制订差异化帮扶计划，提高产业扶贫资金精准度和效率。对扶贫对象给予包括财税、投融资、金融服务、土地使用和人才保障等多方面的优惠政策。三是精准考核扶贫成效。产业扶贫作为脱贫攻坚的有效载体，能否扎实推进和取得实效，有效的顶层设计和考核机制是关键。只有将产业扶贫工作责任层层落实到人、工作任务纳入正反向考核奖惩机制，明确考核内容、主体、程序及结果应用，才能持续保证产业扶贫工作的有效性。

2. 产业路径

从产业规划入手，充分考虑国际国内及区域经济发展态势，对产业发展、产业体系、产业结构、产业链等进行分析，做好产业发

展的定位规划。择优扶持优势产业。因地制宜地选择产业扶贫项目优先给予资金支持，加大扶贫贷款投放量，落实扶贫贷款贴息优惠政策，引导扶贫功能较强的龙头企业深度挖掘和提升优势资源的附加值空间。企业应联系自身实际情况，分析行业情况和市场经济发展，根据市场需求合理规划公司发展计划，规避市场风险。

建立扶贫产业综合服务平台。在重点扶贫区域探索建立集特色产品供应、特色产业服务和营销、扶贫产业金融服务等综合功能为一体的服务平台，指导和帮助扶贫产业各个产业链环节的发展，营造良好的产业外部发展环境，为产业发展资金和人才的引进提供支撑。与科研机构“联姻”进行合作，由第三方机构对当地的自然、社会等进行分析，形成科研报告，深刻分析影响生态农业、企业和经济发展的因素，由第三方机构对农民进行农技指导，提升农民科学种植能力。把科技园区建设作为加强院地院企合作的切入点，采取积极措施，促进地方、企业与科研院所、高等院校联合创建一批具有较高层次、较强示范带动作用的农业科技示范园区。以项目建设为载体，建立长期稳固的协作关系。通过院地院企项目合作，取得一批科研成果，改造提升传统产业，培育壮大新兴产业。

创新产业扶贫机制，保证扶贫到户。一方面，要保证产业扶贫项目落实到户，根据“政府+龙头企业+产业基地+贫困户”“公司+贫困户”“公司+专业合作组织+贫困户”等多种形式，发挥龙头企业“领头羊”作用，保证产业扶贫覆盖所有贫困村、贫困户。另一方面，要创新参与式扶贫产业模式，通过带动贫困人口就业、入股、扶贫资金入股企业后给帮扶对象分红等多种方式鼓励政府、企业、民间资本等多方参与，从而增加扶贫产业发展动力和活力。打造绿色产业集群效应，以大农业为出发点，按“整体、协调、循环、再生”的原则，全面规划、调整和优化农业结构，积极打造绿色产业集群，使农、林、牧、副、渔各业和农村一二三产业综合发展，并使各业之间互相支持，相得益彰。

【拓展阅读】

江西省兴国县三管齐下破解产业扶贫瓶颈

一、破解资金难题

一是有效整合扶贫资金。围绕产业发展，整合水利、水保、国土、农发、林业等涉农项目资金达5 000余万元；二是大力实施奖补。加大专项扶贫资金投入，年初出台了油茶、脐橙、蔬菜、肉牛、特色种养业等产业扶贫奖补实施方案，产业奖补资金达1.8亿元，其中蔬菜产业奖补资金4 800余万元。三是合力撬动信贷。成立了产业信贷服务中心，积极实施了“产业扶贫信贷通”“财政惠农信贷通”“金穗油茶贷”和产业扶贫贷款贴息等，目前，仅“财政惠农信贷通”就累计向1 025户新型农业经营主体发放贷款2.08亿元。

二、突破销售瓶颈

为解决农产品销售的后顾之忧，兴国县三路并进搭建农产品销售桥梁。一是农超对接。结合城区农贸市场布局，在人口相对集中的村镇社区合理规划布局超市，补充和完善市场服务网络，解决农产品销售难题。二是农企对接。积极做好学生营养餐、城区“菜篮子”、精准扶贫“三结合”文章，对接营养餐、“菜篮子”平台，参与流通销售贫困户130余户。三是电商对接。以创建全国电子商务进农村综合示范县为契机，建立窗口创业、链条就业、产地直供的电商扶贫模式。目前全县参加电商培训6 194人，其中贫困户3 249人。从事打包分拣等工作的贫困户2 000余人。

三、建立保障机制

一是建立推动机制。建立一名领导、一个规划、一个目标、一套班子、一套机制、一套办法“六个一”抓产业扶贫机制，一名领导一个项目，统一调度，协调推进。二是建立考评机制。实行扶贫产业一个扶贫项目、一个方案、一套联结机制、一个评估报告，对产业扶贫成效进行评估、考核。三是建立帮扶机制。在干部结对帮扶基础上，兴国县积极组织种养大户实施产业扶贫，选出一批有社会责任心、有技能、有实业、有帮扶意愿的带头人与贫困户开展结对帮扶。目前，全县有376户种养大户通过帮技术、帮资金、帮销售帮扶贫困户6 000余户。

3. 贫困户路径

一方面，加大贫困人口产业技能培训力度。在产业扶贫工作中，贫困人口作为扶贫主体，只有发挥出其主体作用，才能保证扶贫效果的取得，而其主体作用的发挥，离不开素质的提升和专业技能的掌握。产业扶贫的推进必须建立和健全各项经常性的培训制度，根据产业和市场发展需求，加强有针对性的产业政策、产业素质、产业技能、征信、金融、法律等全面系统的培训，通过传授技术提高贫困人口自我发展能力。另一方面，有效发挥引进人才的帮扶作用。将定期安排驻村扶贫干部、志愿者、技术人员等多种人才引进的机制制度化、规范化，通过专家讲课、科普讲座、养殖协会等多种渠道大力推广先进实用技术和专业技能知识，着力培养农村特色产业示范带头人、种植和养殖能手等具备专业素质的人才，为产业扶贫提供智力支持。

第五章　产业扶贫风险防范

产业扶贫既具有独特的优势，也会面临一些特殊的风险。近年来一些地区由于忽视或低估了产业扶贫的潜在风险而导致产业扶贫未能达到预期效果甚至失败。因此，在建设和谐社会的背景下，有必要了解产业扶贫中农户面临的风险，并采取相应的防范措施，在此基础上改善产业扶贫环境，提升贫困农户抵御风险的能力，提高农户收益，助力脱贫攻坚。

第一节　产业扶贫的主要风险

一、自然风险

自然风险主要是指在产业扶贫开发过程中由于不可预料的天气、气候等自然条件或自然灾害给农业生产带来影响，造成农产品产量的下降而使得产业化经营各主体（主要是企业和农户）收益受到损失的风险。与大自然息息相关的农业，会经常受到旱灾、水灾、风灾、雹灾、雪灾等各种不可预测的自然灾害影响。谨防在扶贫项目建设、产品开发中，缺乏防灾避灾预案，缺乏应有的救灾物资储备，缺乏商业保险保障等。我国贫困人口集中生活在农村，以农业为主要生活来源，农产品收成的好坏极大程度受到天气、生态环境等自然因素的制约，特别是对于欠发达地区农民来说，一场突如其来的灾害更会将其推向更加贫困的境地。

除自然的影响作用外，越来越多的实践证明，人类活动对自然环境造成的影响也反过来给扶贫开发进程带来风险。其中生态环境风险是指在扶贫开发的过程中，由于产业的发展，可能破坏自然环境和过度消耗自然资源，导致环境恶化、脱贫困难的风险，甚至有可能形成“贫穷—开发—破坏—更贫穷”的恶性循环。在积极推行产业开发时，如果缺乏有效的管理，可能会由于过度使用资源造成环境质量恶化以及资源浪费甚至枯竭，最终留下的是被污染的水源和森林等，导致陷入无法脱贫的困境。种植业、养殖业和加工业、旅游业等扶贫开发中的行业发展都有可能引发生态环境风险。主要有以下一些表现：一是保护与开发的关系处理不当。谨防为了急于求成、“吹糠见米”的增收效果，在搞产业开发和农业基地建设时，只重视眼前经济利益，或为了出政绩，而忽视子孙长远利益和可持续发展，以牺牲生态环境为代价，对山场资源和不可再生资源进行掠夺性开发。二是引进“垃圾”项目。谨防把先进地区、发达地区等域外已经或行将淘汰的落后产能、落后技术、落后产品，高污染、高能耗、高排放的“三高”项目和“垃圾”产品引进县内，或在实行产业战略转移中，造成生态环境污染，危害食品安全，危害百姓生命安全，影响长远发展。三是污染治理不及时、不得力。谨防对生态环境污染重视不够、防范不够；出现污染问题不及时报告、不及时治理，进行袒护包庇；或对治理污染环境敷衍了事，不认真、不得力、不彻底。

二、市场风险

市场风险是指由于受农产品供求关系及信息不完全等因素的影响，导致农产品价格变动而使产业扶贫各主体遭受经济损失的风险。项目建设、产品销售受国内、国际等多方市场变化影响，应谨防上项目、做产品不进行广泛深入的市场调查，不对市场变化趋势进行认真分析与研判预测，不去努力开发前沿产品，而上雷同项目、做低端产品等。谨防在产业项目选择及确定中，脱离本地资源、百姓、人文等实际情况，缺乏深入细致的市场调查，缺乏科学论证、民主商议、规划设计，出现主观臆断，盲目地做决策、上项目，导致项目的“短命夭折”、损失浪费。

市场风险主要包括产品滞销、销售合同违约和无法借贷还贷。

（1）产品滞销。生产出的产品需要销售，但如果生产规模超出了市场需求，就会导致产品过剩而滞销。在旅游扶贫项目方面，一些地区的旅游产品高度同质化，无法吸引市场目光。在光伏扶贫项目方面，西部不少地区光伏电站面临产能过剩、外输能力有限等问题，弃光限电常态化。截至 2016 年年底，新疆电网年度消纳新能源发电量 286.6 亿千瓦时，同比增加 48%。然而，受国内电力需求疲软、外输能力有限等因素影响，新疆弃光比高达 32%。在光伏扶贫重点发展的喀什、和田、阿克苏等地，2017 年弃光比均超过 33%。在种植养殖业扶贫项目方面，由于在短期内大规模推广种养某类产品，导致价格低迷、销路受阻。在西部某地，政府利用养兔业帮助贫困户脱贫，高峰期兔子存栏接近 40 万只，但市场行情急剧变化，短短 5 年间，产业规模已萎缩到不足 7 万只。在太行山区，某老人养了几十只“扶贫羊”，买小羊羔时每只 600 元，辛辛苦苦养一年之后，出售价格为每只 500 元。

（2）销售合同违约。为了保证产品销路，贫困户往往会与企业签订销售合同。但一些企业开始时承诺以一定价位全部收购，但到收购之际，却会出现压价现象，收购价远低于承诺价或市场价。例如，湘中某县引进福建一农业公司，引导当地村民种植高价值的竹荪，合同标明收购价格为每千克 600 元。当地村民纷纷放弃原有耕种模式改种竹荪。第一年试种不到 50 亩，第二年迅速发展到 2 000 多亩。但当第二年收购产品时，公司却以合同年限为一年为由，将竹荪收购价格压到每千克不足 100 元，近千户农民利益直接受损。再如，玛纳斯县屯河制酱厂与当地贫困户签订收购合同，在农产品的市场价格低于合同价格时，企业存在将农户种植的制酱番茄变相压价等有违契约精神的行为；在制酱番茄的市场价格高于合同价格时，农户也存在将产品卖给出价较高者的现象，给企业带来意外损失。这就造成了双方之间的不信任，难以形成紧密的利益合作机制。

（3）无法偿还贷款。自身缺乏经济实力，为了推进产业扶贫项目，除专项扶贫资金外，政府鼓励金融机构为贫困户提供小额贷款。但在贷款过程中，存在金融机构不愿进入扶贫领域、资源配置错位、贷款年限与产业周期冲突等问题，导致“需要的贫困户拿不到贷款，拿到贷款的贫困户无法偿贷”。例如，河南省信阳市潢川县 11 家商业银行，只有 3 家参与“产业+金融”扶贫模式，并且规定，60 岁以上的人不能贷款；湖北省咸丰县尖山乡发展畜牧养殖业，相关政策规定贷款在 5 万元以上的农户才能享受贴息贷款的优惠，使收入有限的贫困户放弃贷款的想法。另外，各地小额贷款偿还年限有所区别，但大多数地区规定 3 年之内需要还清贷款，而许多产业从引进到收益，需要 5 年以上甚至更长的周期，即使产业成熟，但由于市场波动，收益情况也具有不确定性，贫困户存在无法偿还贷款的风险。

关于市场风险，对于贫困群众来说还有两个问题需要特别注意。一是机会成本相对较高；二是市场承受能力脆弱。机会成本是指在使用资源的决策分析过程中，要从各个备选方案中选择最优方案。当选择了某一方案作为最优方案时，就必然放弃了次优方案，同时也就放弃了其他次优方案可能提供的潜在利益。这种由于放弃次优方案而丧失的潜在利益就是所选最优方案的机会成本，或称择机代价。贫困地区和贫困人口在扶贫开发中，可能放弃其原有生产方式。如原来以种植传统的粮食为主，为了发展经济，需要改种苗木或蔬菜等。由于贫困地区原种品种及模式的收入低，所以放弃原有生产方式的成本也比较低下。但对于贫困人口，放弃原有生产方式的机会成本却相对要高，因为这意味着他们舍弃了基本的生活保障。因此，一些贫困人群会拒绝改变原有生产方式，同时也放弃了发家致富的机会。同时，由于贫困人口的底子薄，所以市场风险的承受能力也比较弱。如果在扶贫开发中进行了某些形式的投资，一旦市场对他们的回报不足以抵偿投入，那么就有可能陷入更深的贫困状态。因此，只有大幅度降低市场风险，才能达到扶贫开发应有的效果。

三、生产风险

产业扶贫项目的生产环节是由贫困户和帮扶企业一起来承担的。这一过程中的主要风险包括生产技能缺失、生产积极性不足和生产资金链断裂。

1. 生产技能缺失

生产过程需要相应的技能，但如果贫困户缺乏产业所需的相关技能，就无法应对生产中产生的各种技术问题，导致生产过程的失败。在传统农业中，贫困户的受教育水平通常较低，主要依赖经验进行种养。但新品种的培育和饲养需要种植户和养殖户掌握基本的生产和病虫害防治技术，否则会影响成活率，出现农户付出较大心血但效果有限的现象。例如，2013—2014 年，信丰县、寻乌县多地脐橙黄龙病规模性暴发，由于农户对病树处理不当，致使黄龙病进一步扩散，脐橙大面积绝收减收，农民收入锐减。再如，河北李村的大棚产业扶贫，由于缺乏技术，在第一年种植蔬菜时晚了一个月，致使蔬菜受到了冻害，亏损 200 多万元。山东省油坊村发展香菇产业，某贫困户投入 3 万元与别人合租大棚，但掌握不好种菇的技术，不到一年就停止种植。光伏产业、电商产业也有同样的技术要求。光伏产业分布范围广，营运时间长，一旦光伏板出现损坏或者电网接入出现故障，修理和维护就成为较大难题。电商产业要求参与的贫困户掌握网店运营的一系列技术，如网络宣传、后台管理等，如果贫困户未掌握必要的技术手段和营销手段，众多贫困村网店运营就很难获得成功。

2. 生产积极性不足

贫困户是产业扶贫项目的生产承担者，如果他们对产业扶贫项目缺乏必要的热情和生产积极性，生产过程就无法完成。例如，西部某地发展了 1.5 万亩从北方引进的金银花，按最初设想每亩至少产 50 千克干花计算，可年产 750 吨以上干花，但当地实际干花产量不到 5 吨，其中一个重要原因就是贫困户不对其进行管理，最终当地绝大部分金银花被群众铲掉种植玉米。再如，某地为一贫困村提供了 120 头母羊，同时派技术员下乡，提供饲养管理、专业防疫、母羊配种等技术服务。但 120 头“扶贫羊”被村民吃剩了不到 60 头。贵州省印江县刀坝镇近几年打造了 2 000 多亩的核桃产业示范带，但全镇 3 万多人口中有 1 万多人在外打工，平时很难对核桃树进行管护，有些树苗已被虫子咬得千疮百孔。贵州省某地的一家贫困户只有两位留守老人，政府发来两捆核桃树苗，但树苗却在家里成了摆饰。某单位领导为其帮扶的 3 户贫困户每户送去 2 头猪崽，但该贫困户家中并无适合饲养猪崽的空间，导致贫困户将猪崽售卖。2016 年，某贫困区引进一家种牛公司并牵线将贫困户贴息贷款入股种牛公司，每年每户贫困户可以拿到 4 000 元“分红”。2017 年，为让贫困户参与到扶贫产业中来，在县委、县政府主导下，4 000 元“分红”不再直接发放给贫困户，而是向贫困户发放一头牛犊。但某贫困户由于去年直接领过 4 000 元现金分红，不想饲养牛犊而是想直接拿到现金，于是到乡政府大闹。

四、资金风险

资金风险是指在产业扶贫开发过程中，由于资金投入不足或不及时导致无法实现扶贫预期目标的风险。扶贫开发必然需要大量的资金投入，政府投入在其中占主体和起主导作用，同时涉及社会投资和农户自筹。这些不同渠道的资金都存在投入不足或不及时的风险。例如政府投入资金，可能存在由于不同级次的预算差异造成资金投入不及时的结果。在投入过程中，也存在由于审批程序复杂、平均主义、官僚主义、腐败等多种原因形成资金投入不足或延误。对于社会和自筹投入资金，投入不足或延误的风险更大。具体的资金供给风险包括以下几点。

1. 整合不到位

谨防在扶贫项目资金统筹整合上，领导之间思想认识不统一，部门之间配合不积极，上下之间行动不一致，使统筹整合受到影响；谨防没能做到该统筹的项目资金全部统筹，该整合的项目资金全部整合。

2. 配置不精准

谨防扶贫项目资金统筹整合后，在具体配置上的不科学、不准确。出现配置地点不科学、配置对象不科学、配置标准不科学、配置时间不科学的问题，特别是到村、到人的项目资金，出现“扶农”没“扶贫”、到村没到贫困村、到贫困村没到贫困户等大而化之的问题。

3. 调度不及时

各类项目工程建设、贫困户脱贫销号、贫困村脱贫出列等，均有条件性、标准性、时限性，需要科学、合理、适量、匹配的扶贫资金支持。谨防所统筹整合的资金，在调度上的不及时、不科学、不一致或工程进行之中没预付，或完工之后不结算等问题的出现。在基层调研精准扶贫工作中发生过这样的产业扶贫真实案例：为了5万元周转金以启动生猪养殖，贫困户层层填表、级级盖章，还要找村干部担保，前后跑了3个月，仍然被银行认定为不合要求，无法放款。这就是产业扶贫中出现的新情况，透露出产业扶贫面临着资金周转困难与防范风险能力不足的问题。

4. 使用不规范

一些地方在政府贴息、风险金补偿授信等方面的机制措施不细致、不完善。很多还停留在文件方案中的“一句空话、一纸空文”，缺少具体、可行的操作方案和规程，金融机构认为政府是在“唱空城计”，难以打消其畏贷、惜贷的思想顾虑。应当谨防不按统筹整合文件抓落实，确定了的项目不算数，所安排的资金打折扣；谨防项目资金到乡村之后不公开、不透明，乱调整、乱调度、乱使用，或出现套取、贪污、挪用、私分等问题。

五、政策风险

政策风险是指国家和基层政府在农业领域相关政策的变动给农业生产带来的不确定性，如农业支持政策、税收政策、土地承包政策等政策变动对产业化经营各利益主体带来损失的可能性。符合我国农村实际的农业政策有利于调动农民的积极性，而不符合我国农村实际的农业政策则会打击农民的积极性，影响农业的发展。此外，稳定的、连续一致的农业政策对于稳定农业生产大有好处，而不稳定的农业政策则不利于农业的稳定发展。因此，农业的政策风险制约农业生产的发展，有时可能造成严重的结果。对农业生产有重大影响的政策风险主要有中断土地承包关系、保护价扭曲、信贷与税收政策放大农产品的价格波动。其结果是使农民在市场交换过程中处于不利地位，挫伤农民的积极性，导致农业生产下降，阻碍农村产业专业化的发展。这种政策风险主要表现在宏观层面和微观层面上。

（1）政策风险在宏观层面上主要表现为国家扶贫政策的调整以及国家政策与地区实际的差异。在扶贫开发工作中，政府支持的大多数是基础设施和产业开发方面的项目，其政策风险占比相对一般项目要高。对于产业扶贫项目而言，可能存在因大部分选项不适合当地实际，缺乏市场调查及预期分析，导致政府有投资没效益的问题。国家政策及其执行政策正确与否，将给产业扶贫开发带来重大影响。

（2）政策风险在微观层面上表现为政府行为的影响。扶贫开发项目的执行程序相当严格，在有些省份仍需要层层审批，可能导致扶贫政策和资金难以及时到位或缩水。在产业扶贫开发工作中，政府的过度参与行为不一定与市场机制相协调，容易造成“好心办坏事”的后果。同时，在一些地方，有的政府官员或机构急功近利，追求形式主义、形象工程，或存在官僚主义和腐败现象等，可能使得各级政府和有关单位的政策规划和实际执行脱节，加剧扶贫开发项目的政策风险。再有，在农村市场经济得以发展的条件下，政府职能的越位、错位和缺位，都会导致政府政策和功能的低效、失效或反效，构成实现农村发展必须解决的体制性问题。例如在发展养殖业时，政府的投资抱有个别官员自己的初衷，希望形成规模经营，但不去考虑市场经济的运行情况和百姓的负载能力等因素，造成部分业主投资后却无法获得市场应有的回报。

六、收益风险

产业扶贫项目最终要使贫困户获得可持续的收益。但在现实中，贫困户却面临着无法获得收益和收益不可持续的风险。

1. 无法获得应有收益

产业扶贫中经常采用“企业+贫困户”“大户+贫困户”的模式，通过企业、大户带动和帮助贫困户，合理利用专向扶贫资金和贷款发展产业，获得稳定持续收益。然而在现实中，经常出现企业、大户以扶贫为由获取资金经营产业，最终产业赚钱、企业获益，贫困户却赔钱；或是政府直接将扶贫资金注入企业，一旦赔钱，企业“跑路”退出扶贫领域，贫困户不仅无法摆脱贫困，还需要为企业行为买单。例如，2016 年 3 月，左榨村向杨寨镇政府申请 5 万元产业扶贫资金，将其拨付给某苗木基地，但该基地并没有与左榨村及贫困户签订入股分红协议。一年之后，该苗木基地基本荒废，5 万元扶贫资金打了水漂。河北省阜平县将贷款、补贴款拨付给久利农业发展有限公司（以下简称久利公司），由久利公司统一建设食用菌大棚 90 多个，而且产出的蘑菇均由久利公司收购。由于收购价格低，种植户不仅很难实现盈利甚至背负巨额债务，久利公司却借助产业扶贫政策实现了企业发展。马山县一个农业龙头公司以帮扶贫困户的名义在 3 年内共获得扶持资金 350 万元，用于发展本公司的 3 000 亩百香果基地，农户对政府给予的 3 000 元产业扶贫资金完全不知情，都进入了公司账户。而公司承诺给土地流转农户每亩每年 1 000 元的租金实际来自政府财政的扶持。流转土地后的农户到基地打工，但工钱却被该公司长期拖欠。陕西省凤县黄红光企业向政府申请到扶贫资金 80 万元，按照规定，其中的 70%应分给马安山村的 100 位贫困户，每人 5 600 元，这笔钱应用于购买两头母猪，由黄红光企业代为养殖，但贫困户对于这笔扶贫款的具体金额和使用方式却毫不知情，3 年内仅领取分红 1 800 元。

2. 收益不可持续

产业扶贫的收益方式之一，是政府将扶贫资金注入企业，贫困户在规定年限内获得分红。该方式在短期内使贫困户能够享受到资金红利，但没有真正将贫困户纳入生产过程中，没有激发贫困户的内生动力，不能从根本上解决贫困户的贫困问题。万营村以贫困户贷款入股的方式发展香菇产业，利用 40 万元扶贫资金以贫困户入股方式注入浩东家庭农场发展栝楼产业，油坊村以科技扶贫资金入股企业。贫困户与相应公司签订了扶贫合同，每年每户获得一定数额的固定分红，分红期限为 3 年。但 3 年期满后，这些贫困户是否能够继续获得稳定的收益，却处于高度不确定状态。

第二节　产业扶贫产生风险的原因

贫困地区产业发展风险大，是由于产业扶贫必然要落实到具体产业发展上，贫困地区必须围绕某种特定资源、产品或服务才能有效发展产业。但受限于经济社会发展的滞后，使得这些地区往往只能以自然资源或低档农产品为核心，这就意味着产业发展遭受自然风险限制的概率极大。特别是贫困地区的小农户面对大市场的问题较为普遍。

一、农户自身特点

中国自古就是小农经济，这种经济的主要特点是农户常常处于弱势地位，农业生产靠天吃饭，种植不稳定，单打独斗面对大市场风险较大。作为农业生产主体的农民，其素质偏低，给农村产业专业化带来了一定的市场风险。其一，缺乏风险意识。在农村产业专业化过程中农民对风险的反应还不敏感，风险管理的意识还不强。其二，环境保护意识薄弱。农业生产是人类有目的的社会经济生产过程。近年来，由于人类活动过度向自然索取，导致自然生态环境破坏，引发各种危害人类经济生产的破坏性现象，严重影响了农业的正常生产秩序。其三，信用意识淡薄。我国农民文化科技素质不高的事实决定了在当前我国农民信用普遍低下的现实，受经济利益的驱使，他们很容易改变自己的行为。因此，农民信用意识的淡薄决定了农村产业专业化经营过程中信用风险的客观存在。最后，农民素质不高的局面严重阻碍了新技术在农村产业专业化中的应用。因此，学者普遍认为，小农户要面对大市场，分享市场所带来的好处，需要有公司或产业扶贫带头人带领以降低风险。在这样的基础上，近年来在实践中不断发展“公司+农户”“能人+农户”“村集体+农户”等多种方式，带领小农户进入大市场，还可以考虑推广“龙头企业+金融+贫困农户”的金融扶贫模式，增强贫困户自身信用评级和还贷能力，探索建立贫困户与金融机构“双方共赢”的风险分摊机制。

二、农业生产的自然特性

农村产业专业化过程中农户生产经营中的风险大多与自然状态有关，如冰雹、暴雨、干旱、病虫害等，即人们通常所说的自然灾害。我国自然灾害的普遍特征：一是普遍性。从时间和空间上看，每年都有灾害发生。二是区域性。自然灾害种类多，分布具有区域性。总的来看，北方旱灾多，南方雨涝多。三是季节性。如旱涝灾害，春季往往是南涝北旱，夏季是南旱北涝。四是持续性。表现在同一灾害连季出现或连年发生。五是伴发性。一种灾害发生时往往诱发其他灾害同时发生，例如，台风灾害往往伴有暴雨灾害，雹灾往往是大风和暴雨同时发生。目前，现代科学技术手段有限，还不能完全控制和抵御自然灾害，因此，自然灾害对农业造成的损失是非常严重而且是不可完全避免的。

农业生产到目前为止还不能改变其生产是以土地为基础，光照、肥、水为必要条件的生产模式。从种子播种到成熟收割，一种农作物的生长一般为 3～5 个月，其生产周期过长。如果其中某一环节出问题，则农业生产的收益效果就会打折扣，达不到预期效果。因此，农业生产理想效益的不可能性将给农村产业专业化带来经营生产的风险。

三、产业发展的趋同性

受限于历史阶段，我国各贫困地区间表现出能力同质性，这使得扶贫产业的发展内容有严重趋同趋向。在市场机制下，大量的趋同产业会导致恶性竞争的经济后果，这使得产业发展决策的风险日益加大。产业扶贫说到底是一种经济活动，具有市场经济属性和产业特点，要尊重经济规律。承担扶贫任务的农业产业化龙头企业，也是市场经营的主体，本来就要面对自然、市场等多重风险，再加上当前大的经济环境不太好，其中不少企业经营的确有点困难。以农业产业化经营的形式来扶贫，如以“公司+农户”或“合作社+农户”等形式，实现了产销衔接，分散了农户承担的市场风险，可增强对收益的稳定预期。经营的规模化，使得大面积推广先进种养技术，集中进行病虫害防治成为高效有益的工作。

与此同时，产业化的经营方式又会伴生出新的风险，如契约风险，在产业扶贫项目的实践中，契约是很难将现实遭遇的各类风险和风险责任完全界定的。因此，风险一旦发生，在各利益主体间就存在着风险承担相互推卸的可能性，而由于双方利益的不一致性和地位的不平等性，往往处于弱势的一方将承担更多的风险。也就是说，在产业扶贫的项目实践中，龙头企业与农户的风险共担机制并未形成时，企业与农户的联结松散，产业扶贫带动效应不强，贫困农户依然面临农业生产的高风险性，在遇到自然灾害、市场波动等问题时，农户仍以自我保护为主，抗风险能力低下，很容易返贫，脱贫人口具有较高的脆弱性。因此，如何弱化产业链中农户面临的风险，提高他们的风险应对能力，不仅事关农户收入的提高与稳定，同时也影响农业龙头企业的经济利益乃至农业产业化进程的健康发展和小康社会的推进。

除此之外，地方政府和企业主导下的产业扶贫，往往也存在一些非理性发展因素，受限于技术等因素，产业只能停留在粗放式发展模式上，会造成资源浪费、环境破坏，甚至有可能跌入贫困加剧和环境恶化相互加强的发展陷阱中，而且劳务产业扶贫也暴露出使贫困农村空心化的问题，劳动力流失往往使得贫困地区的发展更为艰难。在立体的风险作用下，本身就存在能力缺陷的贫困人群和地区在发展产业过程中赔本甚至失败的情况并不罕见，打击了农户的积极性。

因此，探索产业扶贫形式及其各参与主体的风险和风险分配机制，可以帮助农户提升风险认知能力和抗风险能力，完善产业扶贫理论基础，为产业扶贫的具体制度设计提供建议，提高产业扶贫效果，更好地推进这一扶贫方式的普遍应用。因此，对产业扶贫与农户风险控制研究，具有重要的理论意义和现实意义。

【拓展阅读】

产业扶贫应破解资金风险两大难题

2016 年，全国产业扶贫暨一村一品现场会在湖北省咸宁市召开。通过推动特色产业发展，咸宁扶贫工作取得了良好成效。咸宁以楠竹、茶叶、油茶“三大百亿”产业为主打，以光伏发电、小龙虾、家禽养殖、水果蔬菜、水产养殖、休闲旅游、农村电商七大“短平快”产业为主攻方向。

咸宁以提升农村贫困地区现代农业发展水平为核心，坚持“扶贫资金跟着贫困人口走、贫困人口跟着能人走、能人跟着产业项目走、产业项目跟着市场走”，探索形成了“合作社、龙头企业、能人大户、现代服务业+贫困户”4 种发展模式。

2016 年，咸宁全市共投入产业发展奖补资金 16.27 亿元，带动 5.8 万多贫困人口实现每户平均增收 8 000 元。咸宁市还推广通山县“资源共享、二次流转、凭权受益”模式，“村企合作、联营带动、互利共赢”模式，“村社双带、社户经营、收益积累”模式，“发挥优势、艰苦创业、自办企业”模式，以及“盘活存量、资产出租、门面房产经济”模式，实施“一村一品、一镇一业”。

2016 年，咸宁全市 192 个贫困村共新发展特色种养、光伏发电、休闲旅游、山林水资产收益等集体经济项目 535 个，增加集体经济收入 1 000 余万元。在基层调研精准扶贫工作时，丁小强代表从两个产业扶贫的真实案例中发现了新问题。

为了 5 万元周转金以启动生猪养殖，贫困户姜火（化名）层层填表、级级盖章，还要找村干部担保，前后跑了 3 个月，仍然被银行认定为不合要求，无法放款。

咸宁市通山县大路乡新桥冯村特困户阮书二，贷款10万元承包种植了120亩莲藕，结果因为缺少经验又嫌贵未投保商业财产险，眼睁睁看着近10万千克莲藕滞销。

“这是产业扶贫中出现的新情况，透露出产业扶贫面临着资金周转困难与防范风险能力不足的问题。”丁小强坦承。

多方走访后，丁小强代表得知，一些基层金融机构对金融扶贫的认识不足，把扶贫金融混同于一般商业贷款和以往推行的小额农贷，求稳畏难的自我保护意识过强，严评级、紧授信、少放贷、需担保，人为设置的“关卡”较多，“门槛”较高，最终效果大打折扣。

与此同时，丁小强还发现，一些地方在政府贴息、风险金补偿授信等方面的机制措施不细致、不完善，很多还停留在文件方案中的“一句空话、一纸空文”，缺少具体、可行的操作方案和规程，令金融机构认为政府是在“唱空城计”，难以打消其畏贷、惜贷的思想顾虑。

“为解决这个问题，要构建自上而下的督办推进机制，推动引导各级金融机构自觉承担回馈社会的责任担当，提升承贷机构对贫困户小额贴息贷款风险的‘容忍度’，降低贷款门槛、缩短贷款周期。”丁小强建议，加快完善政府贴息、担保授信等政策保障机制，最大限度消除金融机构对不良贷款的承贷担忧。

在丁小强看来，还可以考虑推广“龙头企业+金融+贫困农户”的金融扶贫模式，增强贫困户自身信用评级和还贷能力，探索建立贫困户与金融机构“双方共赢”的风险分摊机制。

对于贫困户风险承受能力低的问题，丁小强提出，保险业要加大政策性“三农”保险覆盖面，争取将全市主要扶贫产业全部纳入其中。

“针对贫困户群众，可探索在小龙虾、蔬菜、畜禽、香菇等产业上实行目标价格指数保险，实现‘以灾理赔’和‘以价理赔’双轨并行，让农户得到更广的保险保障。”丁小强建议。

第三节 产业扶贫风险管控

风险管控是采取各种措施和方法消灭或减少风险事件发生的各种可能性，或者减少风险事件发生时造成的损失。管控产业扶贫项目的各项风险可以考虑下列 4 种方法。

一、风险回避

风险回避，即有意识地放弃风险行为，完全避免特定的损失风险。在产业扶贫中，重点需要回避的风险是项目选择失当，它需要采取一系列相应的措施。

首先，需要加强对产业扶贫项目的风险识别和评估。可以通过 SWOT 分析，明确选择和推进产业扶贫项目的机会、威胁、优势和劣势，做出可行性报告。同时，借助专家学者的力量，对风险发生的可能性和严重程度进行评估，做出风险等级评定报告。要建立多方参与机制，对项目进行充分的论证。参加项目论证的人员不仅要有专业技术人员，还要有政策制定者、政策执行者、项目承担者、项目参与者、项目受益者以及其他利益相关者，广泛吸收和利用民智。在此基础上，果断放弃那些风险等级过高、在当地缺乏可行性的产业扶贫项目。

其次，试点先行，有限推广。在机遇和风险并存的情况下，可以先对产业扶贫项目进行小范围试验，如果试验不成功，就要考虑放弃该项目。如果试验成功，可以进行小范围推广。如果小范围推广成功，再根据产业的特点和市场的容量进行适度推广。在产业扶贫项目的发展中，要特别注意防止不顾产业发展条件的过急推进和过度推广。

二、损失控制

损失控制，即制订计划和采取措施降低损失的可能性或者减少实际损失。在产业扶贫项目中，损失控制重点涉及的风险包括政策支持中断、项目执行中的权力滥用、生产技能缺失、生产积极性不足等。为减少这些风险可能导致的损失，需要采取一系列损失控制措施。

首先，建立控制风险的预案。例如，对政策支持中断的风险以及生产过程中资金中断的风险，要建立相应的应对预案，提前有所准备。

其次，建立风险预警机制，对各类风险进行动态监控，根据预警信号，及时调整预防和应对行动的等级。

再次，采取措施减少或降低产生风险损失的可能性。具体来说，它包括以下方面。

第一，针对项目执行中的权力滥用风险，要完善产业扶贫项目运行过程的监督机制，特别是要动态监控产业扶贫项目中权力行使的关键环节，从项目的重点人员、关键岗位、关键环节等入手，排查可能存在的廉政风险，分析风险点发生腐败的概率，进行等级划分，并有针对性地采取防控措施，包括关键环节运行的透明化、公开化，如及时公示企业招标程序和过程、资金分配和使用情况等，设置投诉电话和举报点，定期进行廉政风险防控专项检查。

第二，针对生产技术缺失风险，对贫困户有针对性地开展技术培训，确保他们掌握核心的技术要领。要引进专业人才，确保每个产业配备必要的技术人员。对产业发展进行定期巡视检查，及时发现出现的问题。构建技术培训和交流平台，与贫困户进行及时交流和沟通，在贫困户遇到不能解决的问题时及时给予咨询和指导。

第三，针对生产积极性不足，要帮助贫困户增强脱贫的意愿和信心，扶贫与“扶志”相结合。采取正向激励与负向惩戒相结合的策略，一方面，对行动积极者给予一定奖励；另一方面，对缺乏努力脱贫意愿、缺乏勤奋精神、好吃懒做的少数人进行批评教育，并在新增政策优惠方面对其采取一定的限制和惩戒措施。

第四，针对生产资金链断裂风险，应当采取一系列控制措施。在项目规划中，要对项目进行成本评估，分析项目建成需要的资金数量，分析项目实施过程中某些材料的成本变动幅度，确保投资规模与资金相匹配。在项目招标过程中，需对承接扶贫长期项目企业的经营状况、负债情况等进行全面调查和评估，保证资金来源的稳定性。在项目运行过程中，要完善项目预算制度，制定项目成本预控目标，严格控制资金的收支平衡，减少非必要的项目支出，避免出现一次性大量资金的支出。要做出应对预案，在资金出现紧张时，保有预备性的资金来源。创新投融资机制，吸纳社会资本和金融投入农村产业，保证资金来源的多元化，降低资金来源单一而导致现金流枯竭的风险。

第五，针对无法获得应有收益的风险，完善收益分配机制。要使参与产业扶贫项目的贫困户参与收益分配方案的制订，并建立相应的保障机制，确保分配方案的执行。

三、风险转移

风险转移，是指通过契约将让渡人的风险转移给受让人承担。在产业扶贫项目中，风险转移主要涉及产品滞销、销售合同违约、无法偿还贷款等风险。

首先，针对产品滞销的风险，应逐步建立和完善产品销售的期货市场，一方面通过期货价格信号来指导生产规模，另一方面可以通过期货买卖来降低价格大幅波动的风险。

其次，产品销售合同是防范产品滞销和价格风险的转移机制。针对销售合同违约风险，需要进一步建立销售合同的审查和履行监督机制。订立合同前，应审查企业的主体资格、法律地位、商业信誉等，保障企业的履约能力；宣传有关合同的法律知识，使双方了解自身享有的权益和违约产生的消极后果。在签订合同时，要制定明确的交易条款，对不同情况下的收购价格进行具体的规定。例如，市场前景良好时，企业按照市场价进行收购；市场不景气时，企业以保护价进行收购，政府予以补贴。在双方达成共识后，由法律人士对合同内容的合理性、合法性进行评估，并进行修改，保证合同内容的严谨和周全。在双方执行合同时，政府应考察执行情况与合同规定的内容之间是否存在偏差。如果企业违约压价，政府应帮助贫困户维权，并建立"黑名单"制度，限制违约企业进入扶贫领域；如贫困户出现违约，除承担相应责任外，政府可以制定没收贫困户高于合同价的盈利收益等制度。

再次，针对难以或无法偿还贷款的风险，应建立和完善相应的产业保险机制。合理扩展保险的覆盖范围和保障程度，通过保险理赔来抵御由于自然灾害、市场波动、政策变动等不可控制的原因导致的无法还贷的风险。政府还可以利用扶贫资金、财政收入等建立风险损失补偿基金，减少金融机构的损失，促使金融机构降低对贫困户的贷款门槛，保障扶持对象真正成为政策受益者。

【拓展阅读】

农业保险类型

随着农业保险的不断创新，我国农业保险已经广泛融入农业产业链各个环节，在脱贫攻坚中发挥着更大的作用。

1. 传统农业保险

传统农业保险主要为产量、成本提供保障，赔偿以所约定的风险事故导致投保标的损失为触发条件，主要包括种植业保险和养殖业保险。2017 年《中共中央国务院关于深入推进农业供给侧结构性改革加快培育农业农村发展新动能的若干意见》对护航农业发展的保险业提出了更高的要求，对保险的提法较往年明显增多。2018 年，财政部、农业农村部、银保监会发布通知，将水稻、玉米、小麦三大粮食作物制种纳入中央财政农业保险保险费补贴目录。2018 年投保农业保险的三大粮食作物制种，可申请中央财政农业保险保险费补贴。

【案例】农业保险为甘肃省扶贫产业发展撑起“保护伞”

推动贫困地区特色农业产业的发展成为甘肃省精准扶贫、精准脱贫的重要抓手。陇西县是定西市的中药材种植大县，2017 年按照甘肃省的计划，共完成党参和黄芪两个品种中药材产值保险面积 5 万亩，涉及农户 13 000 余户，其中建档立卡户 4 300 户，总理赔达到了 600 多万元。

甘肃省通过制订政策性农业保险实施方案，选取有资质的保险公司承保，组织人员对保险承保数量进行验收核实；同时采取政府财政补贴保费资金、扩大保险覆盖面、多方宣传鼓励农民积极投保等措施，使得甘肃省的贫困地区农业保险不仅在一定程度促进产业的发展，也让贫困户的收入有了保障。

为了更好地发挥农业保险在脱贫攻坚的作用，从 2019 年开始，甘肃省《农业保险助推脱贫攻坚实施方案》还将进一步细化甘肃省农业保险的目标任务、保险方案以及保障措施等内容，使保险范围既能覆盖贫困户的种植养殖产业，同时兼顾部分发展扶贫六大产业的大户。与此同时，甘肃省还将逐步构建“中央补贴险种、省级补贴险种、市县补贴险种”相互补充的风险保障体系，分年推进农业保险“增品扩面提标降费”工作，确保实现到 2020 年全省贫困户顺利如期脱贫的目标。

2. 特色优势农产品保险

我国不少贫困地区农业资源丰富，区域特色显著，具有发展特色农业的比较优势。特色农业生产具有品种多、投入大、收益高、风险大等复合型特点。由于贫困地区往往也是自然灾害多发地区，台风、洪涝、干旱、低温冰冻、火灾等灾害频发，开展特色农业生产面临严重风险困扰。特色优势农产品保险主要承保特色优势农产品上市之前遭遇的旱、涝、寒冻等自然灾害风险。

近年来，国家将发展特色优势农产品保险作为脱贫攻坚的一项重要政策举措，支持力度不断加大。2014 年中央一号文件《关于全面深化农村改革加快推进农业现代化的若干意见》提出，鼓励保险机构开展特色优势农产品保险，有条件的地方提供保费补贴，中央财政通过以奖代补等方式予以支持。2016 年中央一号文件《关于落实发展新理念加快农业现代化 实现全面小康目标的若干意见》强调，支持地方发展特色优势农产品保险、渔业保险、设施农业保险。2015 年 11 月 29 日，《中共中央国务院关于打赢脱贫攻坚战的决定》要求，扩大农业保险覆盖面，通过中央财政以奖代补等支持贫困地区特色农产品保险发展。

根据中央文件精神，近年来全国不少地区结合本地实际，积极开展特色优势农产品保险工作，为地区特色农业发展和脱贫攻坚保驾护航。

【案例】贵阳市 2018 年政策性地方特色农产品保险工作启动

2018 年 3 月，贵州省贵阳市农委和市财政局、市金融办共同拟订《贵阳市 2018 年地方特色农产品保险试点工作方案》，市农委委托有资质的第三方代理机构采用竞争性磋商的采购方式，最终确定中国人民财产保险股份有限公司贵州省分公司为贵阳市 2018 年政策性地方特色农产品保险的经办机构，为 5 万亩果树（葡萄、猕猴桃、樱桃）提供自然灾害保险，为 20 万头生猪、200 万千克鸡蛋提供价格保险，共计提供风险保障资金 39 080 万元。

2018 年 8 月，贵阳市政策性地方特色农产品保险工作正式启动，2019 年共计提供风险保障资金 39 080 万元。为不断满足广大农户特别是新型农业经营主体的保险多样化需求，贵阳市建立健全政策性地方特色农产品保险保费补贴保障机制，建立政府、农户、企业共同参与的风险分担机制，利用保险手段促进农业生产、稳定农产品市场价格，从而稳定农产品生产规模，平衡供求关系，保持“菜篮子”产品价格总体稳定，逐步实现对特色优势农业产业“双托底”。

3. 农产品目标价格保险

农产品目标价格保险是对农产品市场风险进行汇聚、分散和转移的一种制度安排。农业生产的脆弱性在于，生产经营过程中面临来自自然、人为和经济环境交错形成的各种风险。在市场经济中，农产品价格大起大落是农民生产的一大困扰。在这个背景下，农产品目标价格保险创新发展起来。

与传统农业保险相比，农产品目标价格保险突破了传统农业保险只保自然风险的局限，实现了农业风险保障从自然风险到兼顾市场风险的过渡。与目前施行的粮食目标价格补贴政策和农业成本保险相比，农产品目标价格保险保障更全面，更有利于调动农户种植积极性，是发达国家采用的分散农业风险的有效方式。为此，2014年中央一号文件首次提出，探索粮食、生猪等农产品目标价格保险试点。2016年中央一号文件再次强调，探索开展重要农产品目标价格保险。根据中央要求，截至2015年年底，已经有26个省（区、市）启动目标价格保险试点，试点品种达18个，保费收入6.08亿元，较2014年翻了一番。

【案例】目标价格保险让蒜农吃上“定心丸”

近年来，山东省坚持探索试点特色农产品目标价格保险，解决农产品价格大起大落问题，取得显著成效。2018年6月21日，商河举办县蒜薹目标价格保险理赔新闻发布会，表示因蒜薹价格遭遇罕见低谷，成为今年的首个赔付项目，全省参保农户将获赔1.7亿元，其中商河农户将获赔5 700多万元，为蒜农托住了底，吃上了“定心丸”。

山东省物价局副局长李东方表示，山东要继续强化政策支撑，研究制定山东特色农产品目标价格保险中长期发展规划，逐步将具有一定产业规模、形成产业集群优势的特色农产品，纳入目标价格保险范围。同时完善保费补贴政策，探索建立保直接物化成本、完全成本、合理收益、较高收益等多种保障模式，改进目标价格确定办法，鼓励保险经办机构开展商业性农产品目标价格保险，加快形成政府调控与商业保险相结合的工作格局。

据了解，山东试点特色农产品目标价格保险的具体做法是：以“保基本、保价格、保供给”为目标，以“政府引导、市场运作、自愿参与”为原则，农民自愿参保，政府给予一定的保费补贴，当保险期间内参保品种平均生产价格低于目标价格时，由保险经办机构进行相应赔付。

4 年来，该项工作从无到有、从小到大，已进入稳步发展通道。截至目前，省级补贴蔬菜品种已达 5 个，即大蒜、蒜薹、马铃薯、大葱、大白菜，参保面积累计 634 万亩，保险金额 122 亿元，省级补贴保费 5.48 亿元，在全国范围内规模最大；另外，生猪参保 60 余万头，保险金额 8 亿元。投保农民共缴保费 1.57 亿元，总获赔 5.62 亿元。

4. 天气指数保险

天气指数保险是以气象数据为依据计算赔偿金额的一种新型农业保险，基本方法是把一个或几个气候条件（如气温、降水、风速等）对农产品的损害程度指数化，使每个指数都有对应的农产品产量损益，保险合同以这种指数为基础，当指数达到一定水平并且对农产品造成一定影响时，即向投保人给予相应标准的赔付。

天气指数保险的最大特点是标准化。同一风险区划内的投保人以相同费率投保，能否赔款以及赔款多少，取决于实际指数与约定指数的偏差，而实际指数又依据独立、客观的气象数据计算，与个别投保人的产量无关，因此，同一风险区划内的所有投保人通常会获得相同标准的赔款。

天气指数保险的标准化特点还衍生了很多传统保单难以比拟的优势：一是赔款与个别投保人产量无关，可以有效解决道德风险和逆选择问题；二是承保不需考虑投保人差异，查勘、定损和理赔不需要复杂技术，管理成本低；三是标准化合同容易实现二级市场流通，可以充分利用资本市场分散农业风险；四是标准化合同容易实现“天气指数保险+互联网”的产品创新。

由于天气指数保险具有诸多优势，近年来国家对发展天气指数保险越来越重视，从保障民生的角度确定了天气指数保险的地位。2014 年《国务院关于加快发展现代保险服务业的若干意见》提出，探索天气指数保险等新兴产品和服务，丰富农业保险风险管理工具。2016 年中央一号文件强调，探索开展天气指数保险试点。尽管天气指数保险具有诸多优点，但由于适用范围有限，研发难度和研发成本较高，很难成为农业保险的普适产品，只能作为传统农业保险的有效补充。

【案例】福建保险业天气指数保险助力产业扶贫

2018 年上半年，福建保险业在 2016 年创新推行水产养殖台风指数保险的基础上，于宁德市寿宁县相继试点开展茶叶种植低温指数保险、葡萄种植台风指数保险和农作物种植强降水指数保险，共计覆盖 34 个行政村、287 户建档立卡贫困户，6 家农业合作社。

据了解，2019 年以来，因“倒春寒”“玛莉亚”台风等对宁德市农业生产造成较大损失影响，灾害发生后承保公司第一时间启动理赔应急机制，开通贫困户理赔绿色通道，分别于寒潮后 13 天内兑现茶叶低温指数保险理赔款 69. 44 万元，台风登陆后 8 天内兑现水产养殖台风指数保险理赔款 3 160 万元，另有 79. 74 万元葡萄种植台风指数保险赔款也已进入核赔阶段，从而积极助力受灾贫困户第一时间恢复生产生活。

5. 设施农业保险

设施农业是现代农业发展的重要趋势，它通过采用现代化农业生产设施和技术，为动植物繁殖生长提供人为可控、相对适宜的生存环境，在一定程度上改变动植物对外部环境的依赖，从而打破农业生产的季节性，使消费者随时可以享受到反季节性农产品，满足市场上多元化、多层次的农产品需求。设施农业分为设施园艺、设施养殖两种类型，具有高投入、高产出、高技术含量等特点，同时也面临着高风险。

设施农业保险是通过保险手段为设施农业提供必要赔付、保障设施农业健康发展的一种政策性保险。保险标的一般为设施中的大棚墙体及立柱、骨架、棚膜、棉被等，保险责任为因暴雨、洪涝、雹灾、风灾、暴雪等自然灾害原因造成的保险标的损失。

为稳定农村正常生产生活秩序，提高设施农业和农户抵御自然灾害的能力，积极开展设施农业保险势在必行。为此，2016 年中央一号文件明确提出，支持地方发展设施农业保险。2016 年 5 月原中国保监会与国务院扶贫办联合印发《关于做好保险业助推脱贫攻坚工作的意见》，进一步强调，积极开发推广设施农业保险。

【案例】江苏积极发展设施农业保险

十多年来，江苏省各地围绕率先实现农业现代化目标任务，大力发展高效设施农业，用现代工程技术与物质装备改造提升传统农业，有效提高了农业综合生产能力和生产效益，增加了蔬菜等“菜篮子”产品供给，促进了农民就业增收。

江苏省开展设施农业保险的主要做法可以概括为“财政支持，联办共保”。根据《江苏省农业保险补贴标准》，对高效设施农业保险，省财政给予一定比例的保费补贴，补贴标准为：苏南地区 20%、苏中地区 30%、苏北地区 50%。为推进高效设施农业保险工作进程，从 2010 年开始，省财政实施对高效设施农业保险保费奖励制度。以省辖市为考核单位，当全市当年高效设施农业保险

（不含能繁母猪保险）的保费收入，达到该地区主要种植业保费收入的10%以上（含10%）时，省财政在原有保费补贴比例基础上增加10个百分点的保费补贴；当全市当年高效设施农业保险的保费收入，达到该地区主要种植业保费收入的20%以上（含20%）时，省财政在原有保费补贴比例基础上增加20个百分点的保费奖励。

在操作层面，江苏设施农业保险实行政府与保险公司“联办共保”的运营模式，地方政府负责制定补贴政策、采取多种措施支持保险公司开展农业保险工作，保险公司则负责落实具体农业保险方案，开展农业保险实务操作及业务管理。

2017年，江苏省财政对农业保险保费补贴资金达13亿元，保费补贴比例达70%以上。同期，江苏省财政安排5.75亿元用于地方特色高效设施农业保险保费奖励，占相关险种保费收入的55%，比2016年净增加5个百分点。

四、风险保留

风险保留，即风险承担，准备资金支付可能发生的损失。在产业扶贫项目中，风险保留涉及的主要风险包括失去国家补贴、收益不可持续等。

首先，政府财政补贴是支持性质的，主要是扶持新兴产业逐步适应市场。所以，政府根据评估产业的成熟程度逐步降低补贴力度是必要的，不可能永久补贴下去。因此，一方面，在产业扶贫项目趋于成熟过程中，企业和贫困户应当做好失去国家补贴的准备，在成本开支预算时提前预留相应的补充资金。另一方面，政府应当建立和完善补贴—收益评估机制，考察政策补贴适度性、产业本身的盈亏状况等，对补贴的程度、幅度、年限及扶持企业的标准进行合理的规定，并提前告知相关企业和贫困户，使其提早做好思想和财务准备。

其次，针对收益不可持续的风险，一方面，要教育贫困户充分意识到坐吃红利所获得的收益存在不可持续的风险，将所得红利合理规划使用，将其中一部分投入其他类型的产业扶贫项目，分散单一投资的风险；另一方面，政府在产业扶贫项目的开发中，也要尽量采取多元化的策略，使得贫困户的收益能够长短结合，多元互补，抵御收益不可持续的风险。

总之，产业扶贫是帮助贫困户持续摆脱贫困的有效方式，但它同时也存在着一系列风险。存在风险并不是放弃的理由，充分意识到风险的存在和类型，采取相应的风险管控措施来化解风险的威胁，会促使产业扶贫政策更加有效地发挥作用。

第六章　产业扶贫机制创新典型案例

第一节　广西壮族自治区编制县级“5+2”、村级“3+1”规划

为解决贫困地区特色产业发展一哄而上、产业同质化等问题，广西壮族自治区以县级“5+2”、村级“3+1”特色产业精准扶贫规划为抓手，集中政策、资金、技术等要素，加快推进“县有扶贫支柱产业、村有扶贫主导产业、户有增收致富项目”产业扶贫格局。

首先是出台产业目录和认定标准。制定《全区有扶贫任务县（直辖市、自治区）特色产业目录和认定标准》，涵盖优质稻、糖料蔗、芒果等69个产业，并制定特色产业规模、集中连片点数量、集中连片点规模3项认定标准。其次是规划县级“5+2”、村级“3+1”精准扶贫产业。参照《特色产业目录和认定标准》，贫困县可选择目录中5个以内的特色产业，在脱贫攻坚期内原则上不能变动，并自主选择目录外2个以内的特色产业，根据实际情况每年可进行1次调整。贫困村在县级确定的“5+2”特色产业内，确定“3+1”特色主导产业，其中“3”为所在县确定的5个特色产业中选定3个以内的特色产业，脱贫攻坚期内原则上不能变动；“1”为各贫困村根据实际情况自行确定1个特色产业，每年可根据情况进行1次调整。

各县统筹整合用于产业发展的中央和自治区各类涉农资金。同

时明确对贫困县考核必须要满足两项条件：一是县级“5+2”、村级“3+1”特色产业覆盖贫困户比例达60%以上；二是所有贫困村均有农民专业合作社等新型农业经营主体或有产业基地（园）覆盖。

第二节　河北省“政银企户保”金融扶贫有探索

为瞄准建档立卡贫困人口，创新金融产品，强化支持措施，完善服务体系，解决好“贷给谁、谁来贷、怎么贷、如何还”等关键问题，自2016年起河北省开展“政府+银行+企业+贫困户+保险”金融扶贫工作。截至2018年，累计放贷166亿元，支持120万贫困人口稳定脱贫。

一是政府搭台增信。贫困县成立扶贫贷款担保中心，用扶贫资金打捆设立不少于1亿元的贷款担保基金、不少于3 000万元的风险补偿基金，建立“资金池”。通过竞争方式选择合作银行和合作保险公司，将“资金池”资金存入合作银行，开办贷款保证保险。二是银行降槛降息。合作银行根据担保基金额度，按照1∶10比例放大贷款。银行在贫困户信用评定基础上，降低贷款门槛，对3年以内5万元以下的扶贫小额信贷，实行免担保、免抵押。通过实行合作银行竞争机制，激励银行降低扶贫贷款利率。三是企业、农户承贷。实行分类贴息政策，对贫困户5万元以内贷款按基准利率100%贴息；对企业和合作社根据带动贫困户数量，实行差别化贴息政策，带动越多，贴息越多。四是保险兜底保证。由担保中心、银行机构和保险公司，按照1∶2∶7比例共同代偿贷款本息，降低银行信贷风险。政府引导保险公司开发新的险种，扩大农业保险覆盖面。当乡镇贷款不良率达到3%时，启动熔断机制，政银保联手进行调查整改。

第三节 甘肃省陇南市电商思维推动产业扶贫

2013年以来，甘肃省陇南市积极发展农产品电子商务，把陇南优势资源与市场紧密对接，推动产业扶贫取得新成效。截至2017年年底，全市有网店12 700多家，微店7 800多个，销售收入75亿多元，通过电商扶贫带动贫困人口15万余人，电商扶贫对贫困群众的人均收入贡献额达到650元。

一是强化设施建设，完善电商扶贫基础条件。累计新改建1.2万多千米农村公路，基本实现了村村通沥青水泥路。加快乡村宽带网络建设，市县乡政府所在地4G覆盖率达到100%。基本建成市县乡三级电商服务体系。二是重视平台建设，形成特色网货品牌。建立网络销售平台，建成西北首个地市级淘宝地方馆“特色中国·陇南馆”。建立网络供货平台，打造武都花椒、成县核桃、礼县苹果等一批知名网货品牌。建立物流配送平台，形成“县有中心、乡有站、村有点”三级物流网络体系。建立宣传展示平台，充分运用政务微博、政务微信、政务网站等组成的“微媒矩阵”进行宣传。三是开展人才培训，提升电商影响力。依托学院、市内外电商培训机构及电商龙头企业，开展电商人才培训。四是推进融合创新，拓展电商扶贫经验。支持传统企业、合作社在第三方平台开办B2B、B2C店铺，引导有条件的企业、合作社参与网货供应平台、产品研发中心等建设。实施“慕课（MOOC，大规模开发的在线课程）+贫困地区电子商务能力建设项目”，组织发起“县委书记众筹——康县原生态优质天麻的新生”“文县花椒千里麻香助扶贫”等众筹扶贫活动，陇南电商扶贫经验得到进一步创新融合拓展。

第四节　河南省夏邑县培养创业致富带头人

为深入贯彻《中共中央、国务院关于打赢脱贫攻坚战3年行动的指导意见》中“加强贫困村创业致富带头人培育培养”的部署要求，河南省夏邑县以激活贫困户内生发展动力为目标，按照“扶志、扶智、扶产业”的思路，大力开展产业扶贫带头人培养，有效带动贫困户积极发展特色产业。

一是调研摸底，分类登记。深入调研，分产业、分类别对专业大户、家庭农场主、合作社骨干、农业企业负责人等脱贫带头人建立培训对象库，做到培训对象精准、培训需求精准、培训供给精准。二是规范培养，提升能力。依托夏邑县农民教育中心等专门机构实行分类培养、分层次教育培训、创新培养模式、规范培训管理，做到“课堂教学与田间实训”“教师主导与学员互动”“线上学习与线下培训”“县内交流实训与县外考察观摩”等相结合，实现精准培养。三是政策扶持，精准带贫。夏邑县政府对带头人制定落实一系列支持扶持奖励政策，加强跟踪服务指导，提升其发展能力，使其更好地发挥示范带动作用，实现精准带贫。

目前，全县已培养产业扶贫带头人5 609人，带动全县特色主导产业的迅速发展，其中发展食用菌菇棚近万座，产值近亿元，发展优质8424设施西瓜种植面积12万亩，产值15亿元，实现产业带贫3.53万户，户均增收6 000元以上，增收和脱贫致富效应显著。

第五节　湖北省恩施州打造恩施硒茶品牌助力产业扶贫

湖北恩施立足山区特色资源优势，打造恩施硒茶新引擎，组装脱贫致富新快车，茶产业已成为促进恩施州第一大扶贫支柱产业。2018 年，全州 80 万茶农人均茶叶收入 4 600 元，占茶农年人均可支配收入的 44%。

一是推进规模发展。恩施州坚持规划引领、高位推动，促进基地布局和资源要素向重点区域、重点节点集中集聚，建设茶叶专业乡镇、专业村，推进产业集聚。产业基地在全国地市州级产茶区中居第四位，成为全国最大的富硒茶基地。恩施硒茶入选首批“中国特色农产品优势区”。二是提升产品品质。按照绿色食品、有机食品标准建设绿色生态茶园，实施全程标准化生产，普及绿色防控技术，推进加工电气化改造，严格质量安全管控，严厉打击违禁违规行为。三是延伸产业链条。推进茶产业与资源型新型工业融合，支持企业积极开发茶饮料、茶食品、茶日用品、茶工艺品等精深加工产品。推进茶产业与信息产业融合，全州茶叶电商平台年成交额在 2 亿元以上。推进农机与农艺深度融合，大力发展以机耕、机剪、机采、机防为主的社会化、专业化服务组织。加强茶文化建设，恩施玉露已列入第四批国家级非物质文化遗产名录。四是打造公用品牌。通过举办恩施硒茶博览、专场推介会、承办国际茶业大会等大型茶事活动，加强广告宣传、组团参加专业展会等多种形式，恩施硒茶品牌知名度和产业影响力得到显著提升。五是完善利益机制。在龙头企业培育上，通过实施“市场主体增量行动”和“中小企业成长工程”，支持企业不断做大做强。在强化利益联结上，支持新型经营主体采取茶园流转、托管认领、合作入股、价格激励等形式建立利益共同体。

第六节　湖北省推出产业带动信贷扶贫模式

中国人民银行武汉分行以产业扶贫为切入点，推出“新型农业经营主体+建档立卡贫困户”产业带动信贷扶贫模式，充分发挥了新型农业经营主体在产业扶贫方面的优势，激发了贫困户创业就业的意愿和动力，探索了一条使贫困户“广受益、能致富、可持续”的发展之路。

一是贷款对象。与建档立卡贫困户建立就业、订单、土地流转、资金入股等利益联结关系，以此激励新型农业经营主体吸纳和带动一定数量建档立卡贫困户。二是贷款额度。结合新型农业经营主体实际贷款需求，每吸纳和带动 1 个建档立卡贫困户，贷款 10 万元，贷款上限最高不超过 200 万元。三是贷款期限和利率。期限不超过 3 年，贷款利率在市场化原则上实行一定优惠。四是贷款操作程序。新型农业经营主体与建档立卡贫困户签订《带动脱贫协议》→村委联合扶贫部门推荐→金融机构贷款审查→金融机构发放贷款→财政部门审核贴息。五是贷款配套政策。比照扶贫小额信贷享受政府部门贷款贴息和风险补偿政策。

2019 年以来，全省共发放“新型农业经营主体+建档立卡贫困户”贷款 86 亿元，带动帮扶贫困户 12.8 万户，同比分别增长 62.3%和 18.7%。

第七节 甘肃省农业保险“两个全覆盖”助力脱贫

为扎实推进产业扶贫，切实防范因自然灾害和市场风险造成贫困户种养收入损失，甘肃省出台 2018—2020 年农业保险助推脱贫攻坚实施方案，针对贫困户推出了 18 个保险品种，实现农业保险对全省主要特色优势产业和贫困户全部种养产业的全覆盖。

一是坚持聚焦贫困地区和贫困户。重点对全省现有贫困户、返贫户和新识别贫困户全覆盖，力争实现“一户一保”。二是坚持因地制宜精准设计险种。紧紧围绕特色产业发展开设险种，兜底自然灾害和市场价格波动造成的损失。三是坚持普惠和特惠相结合。对所有保险品种普遍提高保额和降低费率。在承保面上，对非贫困户选择重点产业进行承保，对贫困户争取将所有种养产业全部纳入保险范围。四是坚持“三年兜底、五年平衡”。明确保险经办机构以5年为经营周期，坚持让利于农户，保本微利，以丰补歉，实现五年总体平衡。五是坚持政府引导、市场运作、自主自愿、协同推进。各部门密切配合，积极引导农户自主自愿选择参加保险，推进农业保险工作稳步开展。各保险经办机构积极提高承保和理赔服务工作质量，确保“五公开、三到户”（惠农政策公开、承保情况公开、理赔结果公开、服务标准公开、监督要求公开和承保到户、定损到户、理赔到户）。

第八节　贵州省“三变”改革优化利益联结分享机制

2016年起，贵州在全省推进资源变资产、资金变股金、农民变股东的“三变”改革试点，努力促进农业农村经济发展和脱贫攻坚。据统计，全省88个县（市、区）共有968个乡镇2 523个村开展“三变”改革试点，其中，贫困村1 232个，涉及农村人口708.2万人、贫困人口87.3万人。

资源变资产，就是将农村集体耕地、林地、草原、“四荒地”等资源性资产和房屋、建设用地、基础设施等经营性资产的使用权，协商评估折价，通过合同或者协议方式，投资入股企业、合作社及其他经济实体后，取得股份权利。资金变股金，就是各级财政投入到农村的发展类扶持资金，在不改变资金姓“农”的前提下，量化转变为村集体或农民持有的股金，集中投入农业企业、农民合作社等新型经营主体，按股分红，利益共享。农民变股东，就是农民自愿以自有资金物资、设备、技术、劳动力、土地经营权、宅基地使用权、集体资产股权等资源资产协商评估折价，通过合同协议方式，投资入股经营主体成为股东，按股分红获利，实现增收致富。

截至 2017 年年底，已组织各试点村集体资源入股 57.69 万亩，整合财政资金投入 34.86 亿元，农民以承包地等资源入股 244.83 万亩、以资金入股 18.82 亿元，实现 255.61 万农民变股东，其中贫困人口 52.25 万人。326.69 万农民参与改革增加收益 18.01 亿元，人均增收 529.76 元，其中，61.51 万贫困人口参与改革获得收益 6.79 亿元，人均增收 1 103.81 元。

第九节　山西省出台贫困村“五有”机制标准

为从根本上破解产业扶贫到村到户不够精准问题，保障有劳动能力的贫困人口稳定脱贫，2017 年，山西省出台“五有”产业扶贫机制标准，明确了产业扶贫工作考核具体指标。

村有脱贫产业，每个贫困村都要立足本地资源条件，因地制宜地发展能提高农户收入，带动贫困村脱贫的产业。贫困村产业既可以是新产业、新业态，也可以是对原有产业的提升改造，但要与贫困户精准挂钩。村有带动主体，通过扶持、培育、引进等方式，使每个贫困村都有带动脱贫产业发展的新型经营主体。带动主体通过延伸产业链条，推进一二三产融合发展，采取“企业+合作社（集体经济组织）+贫困户”等模式，与贫困户建立股份合作的紧密联结，或建立订单、购销合同等半紧密联结，使贫困户分享更多产业增值收益，加快增收脱贫步伐。村有合作经济组织，每个贫困村都要建立吸纳贫困户的合作社等合作经济组织，重点是建立以村集体资产（资源）折股量化、贫困户承包土地经营权及农民家庭财产入股、财政专项扶持资金股权合作等股份合作经济组织。户有增收产业项目，有条件且需要通过农业产业脱贫的贫困户都要有脱贫增收项目，户均年新增产业收入 3 000 元以上。有劳动能力的贫困人口有技能，通过培训、实训等方式，让有劳动能力的贫困人口熟练掌握实施脱贫增收产业项目的专业技能，提高自我发展能力，增强脱贫信心。

第十节 安徽省砀山县专业合作社多策并施带动脱贫

近年来，安徽省砀山县三佳利水果种植专业合作社积极响应政府号召，充分发挥自身在资金、信息、资源等方面的优势，在深入调查贫困户家庭基本情况、收入来源、致贫原因等情况基础上，创新扶贫方式，通过“合作社+基地+贫困户”精准扶贫模式，带领贫困户稳定增收。

一是入股分红带贫。采取“统一经营+入股分红”模式，将贫困户产业发展补助资金作为入股资本，鼓励和引导周边 151 户贫困户参与入股分红，每户每年获得不低于实际收益 6%的保底分红资金。二是技术服务带贫。通过技术讲座、现场观摩等形式，邀请当地专家和技术人员对合作社社员和贫困户提供长期、无偿、全程的技术服务。三是先行垫资带贫。由合作社垫资先行购买优质农资提供给合作社社员和贫困户，待产品销售后再返还合作社，解决贫困户资金短缺困难。四是建立保鲜库带贫。合作社利用自身的 500 平方米、存储量 1 000 吨的水果保鲜库，免费帮助贫困户储藏砀山酥梨和皇冠梨，解决贫困户水果储存问题，实现错季上市。五是线上线下销售带贫。采取“固定销售+网上销售+贫困户”模式，把精准扶贫与电子商务、线下销售有效结合，确保贫困户的农产品卖出去、卖高价。

通过多策并施，2017 年，每个贫困户入股分红 200 元以上。合作社就地就近招收 41 名贫困群众在合作社从事务工收入，每人日均收入 100 元以上。合作社帮助贫困户销售酥梨和油桃达 40 多万千克，价值 260 万元，贫困户人均增收超过 400 元。

第七章　产业扶贫带头人典型案例

第一节　扭着“牛鼻子”走出致富路——李自芳

他学历不高，却敢闯敢拼；他技能不全，却努力奋进；他不算富裕，却甘于奉献。他早年成立灵丘县永乐运输服务部和煤炭运销有限公司，如今又创办灵丘县佳农牧业有限责任公司和三里坊种养专业合作社。他聪明机智、扎实肯干，一心要带领村民走上脱贫致富的小康之路。他就是山西省大同市灵丘县东河南镇王品村党支部书记——李自芳。

当好农民致富路上的“领路人”

灵丘县佳农牧业有限责任公司是李自芳于 2013 年 4 月发起成立的一家集饲草种植、肉牛养殖为一体的民营企业，注册资金 1 580 万元。公司位于灵丘县东河南镇王品村，占地面积 210 亩。2016 年，公司资产总计 8 856 万元，共有牛舍 26 000 平方米。主要养殖西门塔尔、夏洛莱、利木赞等优良肉牛品种，2016 年存栏肉牛 5 200 头，转化饲料、饲草 4 500 万千克，出栏优质肉牛 5 000 头，实现销售收入 8 260 万元，利润达到 1 560 万元。公司自成立以来，坚持“高起点、高标准”，瞄准市场、艰苦创业，现已拥有灵丘县最为先进的养殖设施和养殖技术，是灵丘县肉牛养殖规模较大的经济实体之一。公司先后被评为 2013 年度“灵丘县农业战线先进集体”、2014 年“大同市农业产业化龙头企业”、2014 年度“灵丘县科普示范基地”、2014 年度“农业战线先进集体”并入选灵丘县“百园立农”企业。2015 年，李自芳获得山西省“五一劳动奖章”。2016 年，农业部授予其公司“肉牛标准化示范场”称号。

当好农民致富路上的“贴心人”

李自芳发起成立的灵丘县三里坊种养专业合作社成立于 2013 年 5 月，注册资金 268 万元，业务范围主要为肉牛育肥。合作社位于东河南镇王品村东南，占地面积 152 亩，现有成员 210 人，基本覆盖了周边所有的贫困人口。合作社现有资产总额 4 100 万元，其中，固定资产 930 万元、生物资产 2 170 万元、流动资产 1 000 万元。合作社现有牛舍 14 栋 14 000 平方米，青贮池 12 000 立方米，职工 52 人，其中，技术人员 8 人。合作社年出栏肉牛 2 300 头，实现销售收入 3 590 万元、利润收入 710 万元。2013 年以来，合作社与灵丘县武灵镇、东河南镇、赵北乡、白崖台乡和浑源县王庄堡镇的农户建立起了良好的合作关系，农户不仅可以在家养牛致富，还可以到合作社打工挣钱，合作社还长期收购农户的玉米和秸秆。2015 年，合作社投资 100 多万元购置割草机和拖拉机等设备，免费用机械为农民耕地，作为回报，农民无偿让合作社收割玉米秸秆，这样一来，农民不用花钱耕地，也不用处理或焚烧秸秆，合作社也以较小的代价为扩大肉牛养殖规模提供了稳定的饲草保证，达到了双赢的农企合作模式。

当好农民致富路上的“娘家人”

作为王品村党支部书记，李自芳积极发挥党员先锋模范作用，在全县脱贫攻坚工作中奋勇争先；作为农村致富带头人，他不断增强企业的使命感和社会责任感，在企业自身发展的同时，带动贫困户脱贫致富，取得了良好的效果；作为一位企业家，他长期参加各种社会公益活动，勇于担当社会责任，多次受到有关部门和社会各界的表彰和肯定。

一是企业与贫困户通过合同契约形成稳定的利益联结关系，确定保护价收购或优惠价格，同时，实行产品质量与价格的联动。按照利润分配原则，在每年优先分给建档立卡贫困户利润后，剩余利润按照公司、贫困户、村集体利润分配比例 5：4：1 进行二次分配。

二是通过项目实施，带动当地养殖业更快的发展。由于公司与合作社为农户提供科学的养殖技术，贫困户养殖的肉牛全部由公司和合作社包销，公司与合作社已建立自己的品牌和营销网络，有利于实施品牌销售，以增强“公司（合作社）+基地+贫困户”的产业利益体，带动产业更好地发展。

三是带动贫困户。公司与合作社通过贫困户入园形式为周边养殖户提供肉牛养殖、饲料供应、技术服务、疫病防疫、肉牛出栏销售等服务，降低了养殖户的生产风险，消除了生产者的后顾之忧，增加了利润。通过土地流转将种植户引入产业链，为项目提供优质饲草供应，最大限度地发挥了土地的作用。公司每年就地转化周边乡镇 2 万亩玉米秸秆共计 1 000 万千克，增加农民收入 460 万元，直接带动 223 户农民养殖繁育肉牛 1 500 头，带动 1 600 多户农民种植饲草，养殖户平均增收 2 万余元，种植户平均增收 8 000 余元。另外，贫困户还能通过公司免费培训后进入养殖园区务工，增加收入，有效避免了“返贫”现象的发生，实现持久脱贫。

四是通过养牛业上下游产业链的融合和发展，使周边 400 多户贫困户中 300 多个闲散劳动力通过从事养殖业、种植业、加工业、运输业实现就业，职工月工资收入为 2 000~3 000 元；培养了一批农民经纪人和职业经理，带动更多的贫困户脱贫致富；安置社会闲散劳动力 52 人，季节用工 130 多人，通过产业链延伸，带动农民二次就业 800 多人，实现全县精准扶贫、精准脱贫的目标，有效促进当地农村经济发展和社会进步。

第二节　脱贫致富排头兵——刘伟

双井村——湖北省荆门市漳河新区曾名不见经传的小村庄，如今已经成为荆门家喻户晓的西瓜名村。双井村因瓜而富、因瓜而名，有一个人功不可没，他就是双井村党支部书记、荆门双井刘伟西瓜专业合作社社长——刘伟。10 年来，刘伟不仅自己创业成功，还带领全村走上致富之路。还因此先后被省、市授予“党员创业之星”“农村乡土拔尖人才”“特等劳动模范”“中国农谷乡土之星”“湖北省十佳职业农民”等荣誉称号。

百折不挠，成功进军西瓜行业

1994 年 11 月，刘伟退伍回乡，和朋友一起做水果生意，踏遍大江南北，虽赚到一些积蓄，但他深知不是长久之计。2006 年 10 月，在外打拼近 10 年的刘伟再次返乡，看到家乡仍然是传统的水稻种植，他深受触动：“为什么不种植能赚钱的经济作物呢?”凭借多年水果生意的经验，再经过几番考察论证，刘伟与两个朋友一起凑了 40 万元，租用了 55 亩土地，并从山东寿光县聘请了一位技术员，尝试种起了西瓜。

万事开头难，从未干过农活的刘伟，在技术员的指导下，样样从零开始，事事亲历亲为，全身心投入。按他的话说，“自从种了瓜，我变得‘六亲不认’，因为再没有时间走亲访友”；他吃苦耐劳，不怕辛苦，村民张启兵说，“他每年能挑断好几根扁担”。

天公不作美。2007 年 3 月，冷空气频繁入侵，北风肆虐，近 30 亩大棚塑料薄膜被撕毁，支架七零八落。低温，大风，对于刚进入花期的瓜苗而言，简直就是毁灭性打击，若不及时抢棚保苗，瓜苗将被全部冻死。最终，在村民的大力帮助下，大部分瓜苗都保住了，但仍然损失惨重，这一季西瓜，不仅没有赚到钱，反而赔了1万元。

首战失利，刘伟深感创业不易，但军人的毅力让他丝毫没有退缩，决心干到底。为此，他走遍荆门市大小图书馆，翻遍西瓜相关书籍，学习西瓜栽培理论知识；先后多次自费远赴浙江、山东等地拜师学艺，学习嫁接、“双棚双膜加草帘”等实用技术；引进优良的西瓜品种，并根据南北气候差异调整栽播时间，摸索西瓜在本地区生长的最佳条件。功夫不负有心人。2008 年春，刘伟的西瓜喜获丰收，当年亩产比山东师傅的还高出近 1 000 千克，而且提前 20 天上市，获利 20 余万元。从此，他成功进军西瓜行业，成为了远近闻名的“西瓜大王”。

转变方式，做大做强西瓜产业

经过多次参加“阳光工程”、农民培训等各类培训及外出考察，刘伟眼界不断开阔，思路逐渐清晰，目标更加明确。他认为，要想把西瓜产业做大做强，必须转变传统生产经营方式，“把散兵游勇组建成正规军”，使西瓜生产朝着规模化、标准化、品牌化的方向发展。

2008 年 7 月，刘伟倡导成立了“荆门双井刘伟西瓜专业合作社”，采取“合作社+基地+农户”的经营模式，统一购买农资，统一嫁接育苗，统一规划种植，统一技术管理，统一包装销售。新型的经营模式很大程度上降低了生产成本，提升了生产效率，增强了瓜农抵御市场风险的能力，瓜农的收入显著增加。

2010 年，刘伟为西瓜申报注册了“荆双井”商标，2011 年，成功申报了农产品地理标志“双井西瓜”；为“荆双井”商标设计了商标二维码，并加入荆门市农产品质量安全追溯平台，通过信息化手段将西瓜“从农田到餐桌”的全过程展现给广大消费者，接受全民监督，在当时全市的瓜果领域开创了先河。

2011—2018 年，合作社连续成功举办八届“荆双井”西瓜节、“荆双井”品鉴会。2011 年，“荆双井”在鄂中地区首届商标展示会活动上被评为“消费者满意商标”；2012 年，“荆双井”在第九届中国武汉农业博览会上获得“优质农产品奖”；2014 年，“荆双井”在第十届中国·武汉农业博览会上荣获金奖……

短短几年时间，“双井西瓜”声名鹊起，深受广大市民的喜爱和好评，合作社规模也逐渐扩大。到 2016 年年底，合作社成员从最初的 5 人发展到了 330 人，西瓜种植面积从 350 亩（包括大棚 50 亩）扩大到 6 000 亩（包括大棚 1 200 亩）。

2008 年，“创业能人”刘伟赢得了村民的信任和支持，当选为村委会主任。

能人带动，打造荆城西瓜名村

当初质疑种瓜致富的农户王明华主动找到刘伟，要跟他学种瓜，刘伟二话没说，当即答应。从购种购肥到育苗定植，从田间管理到市场销售，刘伟手把手地教王明华，还无偿为他提供生产工具。在刘伟的指导与帮助下，王明华的 5 亩西瓜当年纯收入达到 4 万余元，他感慨道：“种十年稻，不如种一年瓜，这回我是真信了！”如今，王明华也成了村里的科技示范户。

为了带动更多像王明华这样的乡邻发展西瓜产业，刘伟在合作社成立了咨询站，把自己在实践中摸索出的一系列技术、经验毫无保留、免费地进行传授，技术辐射范围近到本村附近的杨店村、车桥村，远到钟祥官庄湖、京山孙桥、沙洋范家台。

“刘伟传授技术是实心实意的，”村民们说：“要是半夜雪下大了，雨下急了，他都挨家挨户打电话通知我们做好防护措施，碰到病虫害，更是随喊随到，起了大作用！”

在刘伟的带动下，双井村 280 户村民种上了西瓜，占到了村总户的60%，算上周边几个村，西瓜种植户早已超过400户，形成了以双井刘伟西瓜种植专业合作社为核心的规模化西瓜生产基地。

为了进一步完善基地的基础设施，刘伟带领村支部班子成员和合作社社员一边自筹资金，另一边积极争取优惠政策和扶持资金。先后争取各级政府相关部门资金共600余万元，完善了基地的配套渠系管网，硬化了通组和通基地的道路，解决了灌溉难、运输难的问题。

“刘伟是我们的福星。我们凡是沾了瓜的，都得到了实惠，以前是拖拉机、小四轮，现在都买小汽车了!”村民邹阳满脸笑容地说。

如今，双井村不仅摘掉了省级贫困村的帽子，而且成为“亩产纯收入达1万元，户平年增收达5万元”的西瓜名村。全村有150多户村民靠西瓜产业发家致富，换了新房，买了轿车，生活质量得到极大改善。但是，刘伟并没有满足，现在，他正在规划利用双井村的区位优势，紧跟产业融合发展的步伐，建设现代化西瓜产业园，拓展园区功能发展休闲农业，带领村民走上更加宽阔的致富道路。

第三节　用科技趟出脱贫致富之路——王立国

王立国，天津市宝坻区人，1997年北京商学院毕业后，一直从事地产、能源产业投资，有着自己的产业和事业，2014年，通过宝坻招商，回到家乡宝坻，投入到农业产业，励志带动家乡发展和相亲致富，通过政策引导、科技带动、企业与种植户联姻等方式，在宝坻区探索出了一条带动红薯产业发展，引导农民增收致富的成功途径，并将甘薯产业打造成京津冀区域有着重要影响力的产业策源地，不断推动宝坻史各庄镇甘薯产业向深入推进。

科技引领，技术带动，创建高端红薯产业基地

2014 年 3 月，王立国在天津市宝坻区史各庄镇注册成立天津丰华裕隆农业发展有限公司，公司历经挫折，不断努力，目前，已经发展成为集甘薯新品种引进、种苗组培脱毒繁育、甘薯示范种植、鲜食甘薯仓储配送、品牌连锁店销售于一体的农业科技型企业。2015 年，丰华裕隆公司通过与中国农业大学、河北省农林科学院等 7 家甘薯科研院所合作打造天津丰华裕隆甘薯产业研发中心，从科技上解决了甘薯产业发展的所有技术瓶颈。公司目前拥有天津市首家甘薯组培脱毒中心，该中心是国内最具标准化、规模最大的专业性甘薯组培脱毒中心之一，年可生产脱毒种苗 2 亿株，能够为 7 万亩甘薯种植提供优质种苗。目前，丰华裕隆公司已经发展成为国内红薯脱毒试管苗的最大生产商和烤食型甘薯最大的生产基地，在国内烤食型甘薯领域有着不可撼动的行业龙头地位。

做大做强企业，带动区域共同创新发展

丰华裕隆公司与本区域 7 家农业企业和农业合作社建立了产业种植联合体，不断加大土地流转力度，联合宝坻区 7 家合作社基本完成了万亩左右的土地流转规模，公司 2017 年向京津冀区域合作社投放价值 1 200 万元的 5 300 万株脱毒甘薯种苗，并以高于市场 2 倍的价格进行订单收购，极大地促进了区域内的土地流转和甘薯种植，为农户解决了从种苗到种植再到销售的所有难题。通过组建专业的农机服务合作社，不断完善标准化、机械化的种植程度；通过与区农资部门合作，在农资采购实行统一标准，避免了违禁农药和假农资的使用，为甘薯安全化种植奠定了基础。通过建立开设 200 余家“薯老大地瓜坊”连锁店，以及与国内多个烤地瓜连锁品牌合作，建立了庞大的销售网络，解决了甘薯销售难题。仅 2017 年，公司和史各庄及周边镇农户签订长期种植合作协议，带动合作

社种植 2 570 余亩，不但促进了本区域甘薯产业发展，而且还带动近 600 户农民脱贫致富，仅用工一项，每年使用 30 000 多人次用工，为周边村民带来 300 多万元收入。

2018 年王立国和他的丰华裕隆公司通过产业融合，与周边农户优势互补，成功推动了甘薯产业的一二三产业融合发展的利益联结机制，努力引导不同利益主体之间形成风险共担、互惠合作的关系，引导其形成分工协作、优势互补的新格局。通过采取种苗赊销、订单收购、最低价保护收购和以生产资料入股的方式，打造利益共享、风险共担的经济共同体，有效的带动了本地农户增收致富，为新农村的经济发展走出了一条创新之路。

经过 5 年的努力发展，王立国和他的丰华裕隆公司已建成天津市首家大型标准化的甘薯脱毒组培育种中心，脱毒试管种苗生产能力可达 5 万株。宝坻区史各庄镇已经成国内规模最大的优质烤食型甘薯生产基地，基地通过了质量管理体系认证和无公害农产品认证，核心示范区取得了有机农产品认证。建成专用甘薯仓储保鲜库 14 000 立方米，突破烤食型甘薯全年仓储技术难题，成为国内最大烤食型甘薯生产和仓储基地。公司注册“薯老大”烤薯品牌，发展 200 余家烤薯连锁店，形成了国内首家全产业链甘薯企业。企业设立科技特派员甘薯产业工作站，对农户进行技术指导，解决生产中难题，并与天津农学院合作，成立了天津市首家甘薯产业研究院。2017 年丰华裕隆公司获得天津市高新技术企业资质，并获科技部批准国内甘薯产业仅有两个“星创天地”孵化器之一，2017 年完成了股份制改造，在天津 OTC 股权交易所完成了挂牌上市。

王立国的丰华裕隆公司自 2014 年成立以来，一直与中国农业大学、廊坊农林科学院、河北省农林科学院甘薯研究所、山东烟台农业科学院甘薯研究所、湖北省农业科学院甘薯研究所等多家科研院所进行着深入合作；与京津冀、山东、辽宁、山西等多家农业企业和合作社有着种植方面合作，不断将大量技术、品种进行推广。

王立国提出企业精准帮扶的规划：将帮扶对象纳入到甘薯新品种引进试种，种苗组培脱毒繁育、甘薯示范种植、鲜食甘薯仓储配送、品牌连锁店销售的整个产业链体系中，用产业发展拉动带动周边农户致富，实现精准帮扶目标。2015 年公司引导本镇四个市级贫困村加入甘薯产业，每年付给四个困难村 80 万元的固定收益，支付四个贫困村用于输血扶贫，改善四个村的贫困状况，到 2018 年，在史各庄镇打造高端甘薯产业集群，再带动 20 个村进行产业帮扶，努力实现甘薯产业与乡村振兴良性协调发展，并不断加大与区外相关单位进行合作，做大做强甘薯产业。

在史各庄镇继续推进“公司+帮扶村”的产业帮扶模式，引导贫困村与优势企业合作，促进史各庄镇优势甘薯产业发展，鼓励农户建立甘薯种植合作社，为农户发展内生动力，突破困难村无产业的瓶颈难题，实现困难村永久性脱贫，促进了农民增收，从输血到造血进而一起打造创新发展的甘薯产业平台，带动周边区域做大做强区域产业，走出有特色的脱贫致富之路 。

2018 年，王立国与京津冀 120 余家甘薯企业、科研机构合作，发起成立了京津冀甘薯产业创新联盟，通过联盟的成立，提高了宝坻区史各庄镇甘薯产业在区域的影响力。公司下一步将引入资金 5 000 万元推动鲜食甘薯仓储物流发展，将史各庄镇打造成京津冀区域最大的鲜食甘薯仓储物流集散地，推动鲜食甘薯京津冀区域消费时尚，将史各庄镇打造成集甘薯产业科研、种苗、生产、仓储物流、旅游观光于一体的特色农业小镇，为农村振兴，农业发展，农民致富贡献力量。

第四节　重庆市黔江区养蜂创业扶贫——王贞六

盛夏，是卷子树开花的季节。走进黔江区彭水苗族土家族自治县郁山镇玉山村的桃树园，可以看见成群结队的蜜蜂围着卷子树盛开的黄色小花，嗡嗡地转个不停。在机耕路附近的一处长满杂草的空地上，一个老人正忙着清理蜂巢里的杂物。

他，就是黔江区黑溪镇胜地社区的村民王贞六。2014 年还是建档立卡贫困户的王贞六，靠养蜂尝到了甜头，2016 年全家一举摆脱了贫困。率先脱贫的王贞六，不忘穷乡亲，2017 年做出惊人之举：送出 35 桶中蜂，帮带村里的 25 户建档立卡贫困户一起发展养蜂，使他们能尽快脱贫，过上“甜蜜”生活。

七旬老人养中蜂一举告别贫困

王贞六今年 67 岁，全家 3 口人。老伴罗放碧 63 岁，体弱多病；儿子王元文 40 岁，因患脑膜炎留下后遗症，为智力二级残障和视力三级残障，丧失劳动能力。2014 年，王贞六一家被识别确定为建档立卡贫困户。

王贞六有爆破手艺。前些年，他在黔江区及周边的一些采石场从事爆破，平均每月可挣 4 000 元。老伴罗放碧除在家照顾残障儿子外，在地里种些玉米、水稻等，每年喂头把猪，养几只鸡，放养一两桶中华蜜蜂（简称中蜂，也称土蜂）。应当说，一家人的生活虽不富裕，但尚过得去。

这几年，一方面因保护生态，一些采石场相继关闭了；另一方面随着王贞六年过六旬，外出务工没人用了。全家以往每月比较稳定的 4 000 元收入一下子没了，老伴和儿子每月 1 000 多元的医药费也无着落，家里顿时陷入深度贫困。

一段时间，王贞六经常一人坐着发呆，苦思冥想，不知所措。一家三口老弱病残，出路在哪里？他并不想就此“以歪就歪”，躺在政府身上吃救济，总想自己动手干点事情，找点挣钱的门路。一天，他坐在大门前，屋檐下面的两桶中蜂，嗡嗡地在他头顶飞来飞去。顿时，他萌发了发展养蜂的想法。

2015 年 7 月，黔江区启动精准脱贫攻坚战。区驻村扶贫工作队进村入户，走访贫困户，帮助分析致贫原因，找准脱贫路子，实行精准帮扶。驻村工作队走访王贞六家时，针对罗放碧体弱多病、王元文重度残障的困难，资助其参加农村基本医疗保险，帮助购买小额人身意外伤害保险和大病医疗补充保险。针对王贞六年龄大，外出打工和发展其他产业不现实的状况，经工作队和结对帮扶人员集体“会诊”，建议他参加重庆市扶贫办组织的中蜂养殖培训班。

中蜂种群小，仅靠零星蜜源就能维持其生存，且中蜂耐寒能力强，因此特别适合在山区定地饲养。而山区蜜源以深山零星生长的中草药、野花等为主，中蜂采集各种蜜源后，酿出的蜂蜜在口感上更有层次感，蜂蜜中的营养成分也格外丰富。重庆“两翼”地区以山区为主，适合发展中蜂，并且这些年市场行情一直比较好，销路不愁。

当年 9 月，在黑溪镇政府的推荐下，王贞六在市里参加了为期一周的中蜂养殖培训班。培训归来后，王贞六获得了区里支持的 2 000 元产业扶贫启动资金，并筹措部分资金买回 8 桶中蜂，开始起步搞规模化养蜂。王贞六按照培训时所学的技术，精心管理，精心喂养，初获成功。当年，王贞六养蜂收入加上家里其他收入共达 1. 8 万元，一举实现脱贫。

2016 年年初，王贞六通过找亲戚借钱，自筹资金又买回 35 桶中蜂，养蜂总规模达到 43 桶。2016 年 5 月，国务院扶贫办副主任欧青平到黔江区督查调研，随机抽查了黑溪镇胜地社区、光明村和金溪镇金溪社区、山坳村的脱贫攻坚情况。在黑溪镇胜地社区贫困户王贞六家里，欧青平了解到王贞六通过参加市扶贫办组织的中蜂养殖技术培训，得到区里支持的 2 000 元产业扶持资金，加上自筹资金购买 43 桶中蜂，年收入可达到 4 万多元。

王贞六作为建档立卡贫困户脱贫代表，在座谈会上发言时说：“养蜂不需要多少体力，男女老少都可以做；不需要多大投入，不像养猪牛羊要花钱建圈舍；对环境无污染，对生态无破坏，是农民脱贫致富的好门路”。欧青平听完发言后，高度赞赏，并嘱托王贞六把养蜂产业做大，带动身边的贫困户一道养蜂、脱贫致富。

带领穷乡亲发展养蜂加快脱贫

2016 年 8 月，在区扶贫办和镇政府的大力支持下，王贞六申请了扶贫贴息贷款 10 万元，购买中蜂 64 桶，养蜂规模达到 107 桶。在此基础上，王贞六领衔成立了“黔江区担子坪中蜂养殖合作社”。2017 年年初，王贞六的中蜂养殖规模已达到 205 桶，成为当地闻名的养蜂大户。

“一人富不是富，大家富才是富。”王贞六脱贫致富不忘众乡亲。2017 年 4 月 19 日这天，王贞六家异常热闹。他通知村里因病、因残、弱劳等 25 户建档立卡贫困户，背着背篓来到他家。王贞六根据各家的贫困程度，每户赠送 1 桶或 2 桶中蜂，帮助他们发展养蜂。这天，王贞六为村里 25 户贫困户免费赠送中蜂 35 桶，价值 3. 5 万元。“政府帮我脱了贫，理应把村里的贫困户拉一把。我送给他们的中蜂在今年，1 桶可分成 2 桶，2 桶可分成 4 桶。只要管理和技术跟上，一个家庭增收 3 000~5 000 元不成问题。”王贞六如是说。

王贞六不仅免费送蜜蜂，还免费提供技术服务。从 2016 年年初开始，他为村里养殖中蜂的邱祖平、邱老三、黄成光、罗登权、帅远杰等贫困户义务当技术指导，帮助他们在 2016 年年底实现脱贫。

第五节　湖北秀水天香茶业“扶贫”之路——汪家新

创业艰程：从“夫妻店”到一方产业龙头

汪家新，1964年出生于湖北宜昌市夷陵区下堡坪乡一个穷山村——磨坪村。1982年，不甘于贫困、不安于现状的18岁青年汪家新，走出大山开始了自己的35年创业历程。起初当过搬运工、贩过中药材，后来尝试做其他农产品贸易。2003年，汪家新注册了宜昌秀水天香茶业有限公司，在县城开始了“夫妻店”式茶叶购销经营。2006年，汪家新作为民营企业的优秀分子加入了中国共产党。该公司至2009年，由于没有自己的茶园生产基地，没有自己的茶叶加工企业，所销茶叶也只是“撮短水、搞贴牌”，质量没保证，规模做不大，效益不景气，“夫妻店”几度濒临破产。

汪家新的家乡下堡坪乡，位于夷陵区西北部大巴山区，地域偏远，山大人稀，交通不便，是湖北省200个省定重点贫困乡镇之一。该乡资源丰富，植被茂密，北纬31°的黄金坐标，平均海拔900米，昼夜温差大，花岗岩风化偏酸性土壤，营养物质积累多，再加上远离城市和工业，无任何工业污染，具有发展高山云雾、醇香绿茶的得天独厚条件。过去，下堡坪乡的农民种粮、栽花、育茶、种瓜，“样样有、小而全”，一直没有形成规模化支柱产业。20世纪90年代，乡政府提出“稳麻（天麻）攻茶（茶叶）”战略，引导农民种植天麻和茶叶。产业发展方向明确了，但生产方式依然是一家一户，单打独斗。老品种、老茶园、无品牌、无销路，种出来的茶叶不是没有人收购，就是被压级压价，农民种茶不增收，生活依然十分贫困。

2009年，汪家新回老家下堡坪乡磨坪村探亲，看到家乡农民在乡政府的推动下，发展茶叶种植已初具规模，但没有一家标准化、产业化的茶叶加工龙头企业，“卖茶难”成为制约全乡茶叶产业发展的一大瓶颈，也成为阻碍茶农增收的一大“拦路虎”。汪家新仔细分析了下堡坪乡得天独厚条件，坚信这是一块“高山云雾出好茶，灵山秀水育天香”的宝地。顿时，汪家新有一种“踏破铁鞋无觅处，得来全不费功夫”的感觉，一个新的商机或发展蓝图浮现在他的脑海——与其在外四处游荡打拼，不如返乡回归扎根创业；以兴办茶叶加工企业为龙头，带动农民种茶脱贫致富，打造生态茶叶“种植、收购、加工、保鲜、销售、农旅”扶贫产业链和田园综合体，改变家乡贫困面貌。这岂不是一件“一举多得”或“一举多赢”的事情？汪家新的想法与乡政府的发展思路“一拍即合”。

在乡政府的力邀下，这位本土党员致富带头人下决心回乡创业。2010 年，秀水天香公司在磨坪村兴建了全乡第一座标准化、现代化茶叶加工厂，并设立鲜叶收购点，解决了当地茶农卖茶难问题。同年，由秀水天香公司发起的“宜昌高山云雾茶叶专业合作社”在磨坪村成立。此后 6 年间，秀水天香公司便“一发不可收”，抓住扶贫开发、产业结构调整、美丽乡村建设等政策机遇。实现了由“夫妻店”到省级龙头企业的华丽转身，发展成具有“一企两社三厂八点”生产规模（一企，秀水天香公司；两社，以“高山云雾”为字号的茶叶专业合作社和土地股份专业合作社；三厂，三个标准化、现代化茶叶加工厂；八点，八个鲜茶叶收购点），连接和辐射带动全乡 4 万亩生态茶园基地（含合作社直营直管 1.4 万亩茶园基地），成为一方产业龙头老大，直接带领 1 763 农户（含 565 户建档立卡贫困户）种茶增收、脱贫致富。

汪家新，这位下堡坪乡本土党员致富带头人，被授予宜昌市劳动模范、2015— 2016 年宜昌市十大扶贫功臣荣誉称号；他领办的高山云雾茶叶合作社，被授予“国家级农民合作社示范社”荣誉称号。

连片开发：着力打造生态茶叶产业链

为在下堡坪乡打造生态茶叶“种植、收购、加工、保鲜、销售”扶贫产业链，秀水天香公司把项目建设重点放在“加工、基地、品牌”三大关键环节上。

1. 投资布局“三厂八点”，解决农民卖茶难问题

由于鲜茶叶不宜储存和长途运输，解决卖茶难问题，就要把茶叶加工厂办在茶园旁，把鲜茶收购点设在茶农边。汪家新的回归创业，首先从投资兴建茶叶加工企业开始。2010 年、2012 年、2016 年，秀水天香公司累计投资 2 亿元。先后在下堡坪乡的磨坪村、蛟龙寺村、赵勉河村选址（其中磨坪村、蛟龙寺村为国家建档立卡贫困村），分别兴建了 3 家年产 1 000 吨干茶的标准化茶叶加工厂，并在周边设立鲜叶收购点 8 个，从而形成了“三厂八点”布局。秀水天香公司向茶农公开稳定鲜叶收购价格“三不降价”的承诺：“人多收茶不降价，晚上收茶不降价，雨天收茶不降价。”这一举措，拉近了与茶农的距离，树立起产业化龙头企业的“大将”风范和诚信形象，从根本上解决了下堡坪乡茶农的卖茶难、增收难问题。

2. “五村连片" 改造低产田，高标准建设万亩生态茶园

“三厂八点”投资布局的推进，为联村连片改造低产茶园、打造万亩生态茶叶基地提供了龙头或下游支撑。这几年，秀水天香茶业公司及旗下合作社，多方争取政府相关部门支持，投入 5 500 万元，对下堡坪乡西北片区的磨坪村、蛟龙寺村、赵勉河村、秀水坪村、十八湾村的老茶园，实施“五村连片”技术改造。公司加强茶园土地整治，引进国家级无性系茶树良种福鼎大白数百万株，将昔日良莠不齐、品质次差、产量极低的老茶园，一举改造成植株茂密、口感香醇、丰产高效的有机茶园。目前，以磨坪、蛟龙寺两个

贫困村为核心的“十里一线、五村连片”的1.4万亩高标准生态茶园基地已建成。同时，还辐射带动了周边其他村发展丰产茶园2万多亩。高标准核心茶园基地的建成，为带动5村建档立卡贫困户种茶增收提供了产业支撑。

3. 培植“秀水天香”品牌，靠一流品质提高市场竞争力

下堡坪乡有一位历史名人叫赵勉（该乡赵勉河村因系赵勉的出生地而得名），是明代朱元璋时期的户部尚书。赵勉曾将家乡秀水坪所产茶叶进贡给朱元璋，朱元璋品饮后赞赏有加，挥毫疾书“秀水天香”墨宝。于是，下堡坪乡秀水坪等村所产茶叶便有了“秀水天香”的美誉，并传承至今。早在2003年，出生于下堡坪乡的汪家新就以“秀水天香”为字号注册了茶业有限公司。但真正打造“秀水天香”茶叶商标品牌，还是在2010年汪家新返乡创业以后。2010年，秀水天香公司生产加工的绿茶，被正式批准注册为“秀水天香”商标。自此，秀水天香公司把茶叶生产质量摆在首位，推出了一整套标准化、有机化生产技术规范，从源头上控制土壤和茶叶污染，控制农药、化肥使用，确保产品质量安全，打造和维护好“秀水天香”这一知名品牌。2015年，“秀水天香”绿茶入选“全国名特优新农产品目录”。“秀水天香”的品牌效应和市场竞争力，使所属加工企业实现了“生产满负荷、销售零库存”，给农民增收、企业盈利带来了实实在在的好处。2016年，秀水天香公司及合作社共收鲜叶4 000吨，加工干茶1 000吨，实现总产值15 045万元。

股份合作：提高贫困农户组织化程度

2010年以前，下堡坪乡农民种植茶叶采取的是一家一户、单打独斗粗放经营方式，品种杂多，技术落后，品质低下，打造不出品牌，抵御不了风险。一些贫困户由于缺资金、缺技术、缺劳力、缺生产资料投入，茶园管理更为粗放，完全是“靠天收”。要依靠

农民建成高标准、高效益万亩生态茶园，就必须彻底改变传统的一家一户、单打独斗粗放经营方式。秀水天香公司提出的解决方案是，与农民抱团合作，通过组建茶叶专业合作社方式，提高农民和贫困农民种植茶叶的组织化程度。公司先后采取资金入股和土地入股方式，于 2010 年和 2013 年在两个贫困村分别组建了地域性专业合作社。

1. 在贫困村磨坪村组建高山云雾茶叶专业合作社

2010 年，由汪家新等 36 人发起，以贫困村磨坪村为中心，并联合周边的赵勉河村、秀水坪村，组建高山云雾茶叶专业合作社。为了不增加农户特别是贫困户的负担，采取 10 元 1 股的“身份股”方式，将他们吸纳进入合作社。同时，还限定股东最多 3 万股封顶。目前，合作社共吸纳 3 个村的 755 户茶农入社，茶园面积 6 407 亩。

2. 在贫困村蛟龙寺村组建高山云雾土地股份专业合作社

蛟龙寺村的农民群众在参观磨坪村的茶叶专业合作社后，纷纷自发要求举办自己的茶叶生产合作社。2013 年，由高山云雾茶叶专业合作社和若干农民发起，以贫困村蛟龙寺村为中心，并联合邻近的十八湾村，组建高山云雾土地股份专业合作社。其中，蛟龙寺村采取整村入社形式。在区经管局和乡政府的指导下，两村农户以土地经营权按每亩 6 000 元价格入股。目前，合作社采取土地入股方式共吸纳 1 008 户农户入社，茶园面积 7 658 亩。

3. 将有茶园的建档立卡贫困户全部吸纳入社

上述两个农民专业合作社，共覆盖带动了磨坪、蛟龙寺、赵勉河、秀水坪、十八湾 5 个茶叶专业村，入社农户共 1 763 户，茶园面积 14 065 亩。“两社”吸纳 5 个村有茶园承包地的 302 户建档立卡贫困户全部入社，占人社农户总数的 17.1%。贫困户加入合作社后，其茶叶种植纳入产业化链条，从此不再因生产而愁、因技术而虑、因销售而忧、因资金而急，一门心思种茶、管茶、采茶即可。

4. 实行“八统两分、六四分成”经营模式

两个合作社均实行“八统两分”生产经营管理模式，即合作社统一规划布局、统一种苗供应、统一农资配送、统一生产标准、统一技术服务、统一鲜茶收购、统一制茶加工、统一品牌销售，社员分户田间管理、分户交易核算。“八统一”保证了茶园管理水平、茶叶生产质量和品牌竞争力；“两分户”有利于调动茶农的生产积极性，避免了新的“大锅饭”产生。两个合作社均采取“六四分成”利益分配机制，即当年合作社盈余，在提取10%公益金、10%公积金后，剩下可分配盈余实行“六四开”，60%按社员的茶叶交易量（额）所占比例返回给社员，40%按社员出资额（包括土地入股额）及国家财政资金所形成资产折股量化到户的股份分配给社员。在上述经营管理和利益分配机制中，对建档立卡贫困户社员一视同仁，贫困户能公平地、有保障地从中获得种茶收益。

村社结合：探索支部建在产业链上新模式

依靠农民做大做强茶产业，凝心聚力很重要。汪家新和他的团队在返乡创业扶贫过程中，却遇到了农民思想保守、人心不齐，村“两委”软弱涣散、战斗力不强等诸多现实问题。那么，如何改变这一状况，如何凝心聚力？靠什么凝心聚力？这位本土党员致富带头人首先想到的是，靠党旗引领，靠党建凝心，靠支部建在产业链上聚力。在中共夷陵区委组织部和下堡坪乡党委的重视和支持下，秀水天香公司旗下的专业合作社与5村联合，探索了“村社结合”把支部建在产业链上的基层党建新模式。

1. 建立专业合作社党委

2013年11月，经中共夷陵区委组织部批准，宜昌高山云雾茶叶专业合作社党委正式成立，由下堡坪乡党委领导。秀水天香公司董事长、党支部书记汪家新任合作社党委书记。磨坪、蛟龙寺、赵

勉河、秀水坪、十八湾5个茶叶专业村的村党支部书记任党委委员。合作社党委属于一个跨村的“村社结合”的基层党组织，它打破了建制村的行政界限，旨在加强对5个村的茶产业发展和产业扶贫的党的领导，做好联村跨村产业发展的相关协调、管理工作，带领群众凝心聚力做大做强茶产业，联村携手共同脱贫致富奔小康。

2. 理顺合作社党委与村党支部的关系

在实践中，合作社党委十分注意处理好与村党支部的关系。合作社党委是一个依托茶叶产业链建立起来的专业性基层党组织，而不是一个行政区划性的基层党组织。它主要是在茶叶产业发展上与5个村的村党支部实现“村社结合、协同联动”。因此，合作社党委与村党支部不存在上下级关系，它们共同由乡党委领导；合作社党委也不能替代村党支部履行村域基层治理职能。成立茶叶专业合作社党委，主要是为了更好地发挥党组织在茶叶产业发展中的战斗堡垒作用，发挥党员在产业扶贫中的先锋模范作用。上述关系的定位和理顺，使合作社党委在茶产业发展中的核心领导作用得到更好发挥。

3. 成立茶叶专业党小组

合作社党委大胆尝试，根据合作社与社员合作发展茶叶生产的特点与功能，成立了绿色防控、综合服务、技能培训、科技发展4个党小组。发挥党员和党小组在生态茶园植保、社员综合服务、茶农技能培训、加工科技研发4个专业方面先锋模范作用，保证产业链上每个关键环节都有党组织引领，有党员带头示范。

精准施策：完善“普惠+特惠”产业“带贫”机制

秀水天香公司及专业合作社积极响应区、乡党委、政府号召，认真履行扶贫社会责任，主动承担下堡坪乡精准扶贫对接帮扶贫困户任务。公司专门制订了精准扶贫实施方案，由公司党员、干部负责联系 5 个村建档立卡贫困户 565 户 1 148 人。对其中有茶园承包地、有劳动能力的 302 户建档立卡贫困户，采取全部吸纳加入合作社，将其茶叶生产黏附在产业链上，让贫困户在合作社带动下通过发展生产、管好茶园获得收益。为激发有劳动能力贫困户自立脱贫内生动力，合作社采取“普惠+特惠”的产业扶贫机制或“带贫”方式。

1. 实行“合作社+农户（贫困户）”的三次分配利益联结机制，让贫困户普惠分享产业发展收益

参加合作社的贫困户收入，按照合作社章程，主要来源于以下 3 次分配利益联结机制：一次是贫困户经营管理自己的茶园承包地，向合作社交售鲜茶叶，获得初次分配的交易收益。二次是合作社的可分配盈利按“六四分成”，贫困户作为合作社社员，在 60% 可分配盈利中按鲜茶叶交易量（额）所占比例，获得第二次分配收益。三次是贫困户作为合作社社员，在 40% 可分配盈利中按出资额（包括土地入股额）及国家财政资金所形成资产折股量化到户的股份，获得第三次分配收益。在上述分配机制中，初次分配和第二次分配体现了“多劳多得、多产多得”的原则，它占总分配的绝大部分；第三次分配体现的是资产收益，占总分配的很小部分。这样一种分配机制设计，既体现了市场经济“按贡献分配”一般规律，也体现了合作社内部的一视同仁，更体现了“普惠共享”包容发展理念。它有利于激励贫困户内生动力，通过自己劳动，发展生产，增加收入。

2. 对贫困户社员发展茶叶生产，实行有针对性的特惠精准扶持

302 户贫困户虽然在合作社制度框架下，能平等地参与茶叶生产，能被一视同仁地参与收益分配，但是，贫困户所面临的“起跑线”和自身所具备的生产条件是不一样的，突出表现在缺资金、缺技术、缺劳动力、缺土地资源等，从而影响了贫困户的茶叶生产能力和鲜茶交易量，也影响了贫困户的最终所获收益。为了解决贫

困户发展茶叶生产所面临的困难，秀水天香公司及“两社”对贫困户采取“吃小灶”特惠方式，给予有针对性的倾斜帮扶：一是遴选党性强、技能好的党员建立党员服务队，对接帮扶贫困户，全程指导贫困户种茶、管茶、采茶、售茶。二是为缺资金的贫困户免费发放生产资料。仅 2016 年，为贫困户免费发放茶树苗 200 万株、专用肥料 80 吨，总价值 38 万元。三是为缺劳动力的贫困户免费发放采茶机械 134 台，帮助他们解决无劳力采茶难问题。四是为缺土地资源、有种茶愿望的易地搬迁贫困户，给予茶园调剂扶持。其中，为解决 15 户易地搬迁集中安置到蛟龙寺村后的生产生活困难户，秀水天香公司不仅拿出 3 万多元为搬迁户购买了家具、床单、被褥等日常生活必需品，而且从合作社高标准茶叶基地中调整出 40 亩茶园，就近无偿分配给搬迁贫困户，确保他们搬得了、稳得住，有生产资料，有收入来源。五是对贫困户交售鲜茶实行“三优先”。人多绿色通道优先，保护价收购优先，雨天收购优先。

通过采取“普惠+特惠”的产业扶贫机制和带动方式，与未加入合作社时相比，贫困户平均每亩茶叶经营收益由原来不到 2 000 元，提高到 4 000 元。

此外，秀水天香公司及旗下“两社”会同各村党支部，对 5 个村 263 户因病、因残、无劳动能力的深度贫困户，实行党员干部“一对一”结对帮扶，协助落实相关精准扶贫政策，帮助他们解决具体困难，确保他们在脱贫奔小康路上不掉队。

授人以渔：自办培训学校扶智扶技

秀水天香公司及“两社”开展扶贫，始终坚持“授人以鱼不如授人以渔”的理念，把扶智、扶技摆在首位。为了提高贫困农户科技文化素质和科学种茶水平，秀水天香公司在贫困村蛟龙寺村，依托茶叶加工厂专门开办了一所茶农培训学校。学校设有多媒体教室，一次可容纳学员数百人上课学习。把培训学校办在农民身边、办在产业基地旁，有利于针对茶农对茶叶种、管、采、制中存在的技术短板，适时组织开展茶叶技术培训，帮助广大茶农提高专业技能。茶农培训学校制订有培训计划，聘请相关专家担任教师，采取讲座培训与现场实训相结合方式，帮助贫困农户“从思想上开窍，从操作上长技，从素质上增能”。2016 年以来，已举办多期培训班，共培训茶农 1 600 人次。

茶农培训学校还不定期举行技能比赛。在组织的机采、手采的劳动技能比赛中，得出的结论是机械采摘茶叶是手工采摘的 10 多倍。从而为推广机械采茶新技术提供了眼见为实的证明，也为缺劳动力的贫困户采茶找到了“好帮手”。

茶旅结合：协力实施贫困村提升工程

经过几年的努力，秀水天香公司及“两社”打造的生态茶叶产业链条已基本成型。产业发展已进入正常有序的运行轨道。茶叶产业发展壮大了，茶农们增收致富了，外出打工的纷纷返乡种茶了，老百姓的口袋鼓起来了，盖楼房、买小汽车的比比皆是。但汪家新并没有就此停下脚步，他和他的团队正在朝新的发展目标奋进。在当地政府的支持下，秀水天香公司在两个重点贫困村（磨坪村、蛟龙寺村）按照“茶旅结合、宜业宜居”思路，正在协同实施贫困村提升工程。

本着“山水园林路房”综合治理原则，按照“把村庄当景区建、把基地当景点建”的提升目标，对两个贫困村的基础设施、生产生活条件、产业基地、村庄环境、农民住房等进行全面提档升级。先后争取到扶贫、农业、水利、国土、交通、住建等部门的项目支持，秀水天香公司及合作社作为贫困村提升工程项目的承接人，在两个贫困村实施改造低产茶园 6 000 多亩，修建茶园便道 12 000 米、机耕道 16 000 米；整修河堤 9 000 米、铺设排洪沟 13 700 米，硬化道路 3 000 米；协助农民改造土坯房 260 栋等。蛟龙寺村这个原来“垃圾靠水冲、臭气随风刮”的贫困小山村，如今变成了“蓝天白墙民居，绿地碧水人家，生态秀美清新，田园景色宜人”的靓丽村庄，成为远近闻名的宜业宜居新农村、茶旅结合示范村、休闲观光康养村。

“十三五”期间，秀水天香公司及“两社”计划完成“五个一”的农旅结合项目建设：改造升级老茶园 1 万亩；建成一个农旅结合的观光旅游基地；建好一个茶叶博物馆；配套建设一个旅客游乐中心；建设一个万吨精制茶叶加工出口基地，把下堡坪乡的茶叶打入国际市场。

尽管汪家新和他的团队在创业扶贫方面取得了很大成绩，受到了广大贫闲群众和茶农的交口称赞，但公司在以下方面尚须进一步努力：一是合理利用下堡坪乡的优势资源，发展多种经济，避免产业的单一性或由于茶叶市场变化给农民收入带来的风险；二是进一步理顺公司与合作社关系，健全合作社内部分配决算制度，完善制度化的扶贫“带贫”机制；三是合作社党建还有待从制度机制方面做进一步探索和完善。

第六节　英旺乡高里塬村致富带头人——张新建

大棚蘑菇种出幸福生活

3 月 23 日一大早，张新建夫妇和往日一样，来到自家大棚内忙着采摘蘑菇。“这是给县城华联超市和几个批发商电话预定的 150 千克蘑菇，今天上午必须把货送到。”张新建说。

今年 48 岁的张新建是宜川县英旺乡高里塬村的蘑菇种植大户。他几乎每天都会开着面包车，将自家大棚产的新鲜蘑菇，运往县城各大超市及农贸市场销售。

一个半小时就卖出 150 千克蘑菇

上午 9 点，张新建发动面包车，载着满满一车蘑菇，直奔县城。

9 点 32 分，张新建驾驶着面包车由迎宾大道转入环城东路，他掏出手机打电话：“喂，老王，是我，新建，3 分钟后到轻工市场后门，叫大伙取菜。”

9 点 35 分，面包车刚到轻工市场后门口停稳，等在路边的六七名商贩，就围上来，有的帮忙搬下蘑菇，有的抱起两筐蘑菇便付钱了，并不问价。“一筐蘑菇批发价 20 元，5 千克重，老顾客，都知道这个。”张新建的回答解了笔者的疑惑。商贩们抱着自己预定的蘑菇走后，车上还剩下了 15 筐。

“这些蘑菇怎么办?”

“这是几个大客户的，得送货上门。”

张新建所说的“大客户”就包括老沙。“昨天，他电话预定要二十筐蘑菇，现在棚里每天产量只有 200 千克左右，满足不了批发商的需求，今天只能先给他送 7 筐。”张新建说。

老沙本名叫沙志军，宝塔区人，在宜川县城搞蔬菜批发已经 20 多年了，一直在张建新这里批发蘑菇，每个月订货都在一两万元。“新鲜，品质好，价钱合适，回头客多。”说起张新建的蘑菇，老沙赞不绝口。

21 年时间只为种出好蘑菇

走进张新建家的恒温棚里，只见每一个棚内都整齐地摆放着蘑菇菌袋，乳白色的蘑菇朵儿恣意生长，鲜嫩肥厚，甚为喜人。张新建指着一排排菌苗说，今年春节期间，蘑菇每千克批发价格达到 8 元，棚里每天出菇都在 300 千克左右。最多的一天批发出售蘑菇 600 千克，当天收入就有 5 000 元。

张新建已经有 21 年的蘑菇种植经历了。早在 1998 年，他就在县城碑子渠 3 孔窑洞内种植蘑菇，后来发展到 6 孔窑洞。张新建说："当时规模小、蘑菇价格低，一年下来收入也就一万元左右。"2005 年，受市场和技术影响，他回到村子，重新选地址，发展平菇种植。

为了掌握蘑菇种植技术，张新建先后到四川绵阳、甘肃庆阳等地系统地学习了蘑菇种植技术和各类菌种的高温灭菌技术，并通过多年的实践和摸索，成为了当地蘑菇种植的"土专家"。

"在整个种蘑菇的过程中，从订购蘑菇菌种、拌料，到菌苗装袋、高温灭菌、发菌、出菇、采收和养菌每个环节都不能出错，菌棚每天都要洒水、通风。"张新建说。

张新建根据当时市场的需求和行情来安排蘑菇种植品种和数量，行情好的品种就多种点。目前，他家稳定发展 7 棚，生产的蘑菇无论从外观还是品质上都受到消费者的一致好评，经济效益十分可观。

为了进一步发展食用菌的规模化生产，2017 年，张新建承包了 10 亩土地，投资 50 万元，在改造原来 7 棚的基础上，再增加 14 棚高标准钢架大棚，用于羊肚子菌种植。张新建给记者算了笔账，现在羊肚子菌的市场行情好，1 千克羊肚子菌干货 1 200 元左右，现在他种植了 14 棚羊肚子菌，每棚羊肚子菌年产 15 千克干货，收入就是 1.8 万元左右，一年收入可达 25 万多元。

带领 22 户贫困户走上致富路

对于出生在农村的张新建来说，农村的贫困现状他深有体会，他也一直在寻找着让贫困农民脱贫致富的出路。

张新建说："只要周围乡邻和贫困户来学习蘑菇的种植技术，我都会尽力指导他们。"在他的带领下，先后有英旺乡高窑村、县城鸭湾村、云岩镇北苏村、交里乡赤良村的五户农民靠种植蘑菇走上了致富之路。

2015年，精准扶贫工作在宜川县全面展开，也就是这一年的8月，张新建个人注册了宜川县新扬食用菌有限责任公司，积极吸纳当地有能力的贫困农民来蘑菇棚打工。

“已经在这里干了四年活了，一年工资15 000元。”55岁的张教星说。张教星家里只有他和儿子两个人，有7亩苹果园。2014年开始便长期在张新建家的蘑菇棚打工，从事拌料、采摘蘑菇等工作，于2016年年底成功摘掉贫困户的“帽子”。

贫困户李永红是英旺乡羊道村村民，全家四口人，两个女儿都在上学，自己是名聋哑人，家里只有7亩土地，收入主要靠夫妻二人给别人打工。这几天，李永红和妻子正在张新建家大棚内干活。“一天工钱100块，活也不累，还能学习种植蘑菇技术哩，将来自己也回家种蘑菇。”李永红的妻子高兴地说。

2017年年底，张新建响应乡政府号召，和22户贫困户签订帮扶协议，将政府提供给贫困户的22万元产业扶持资金作为公司入股股金，每年向贫困户分红1 000元。

谈起今后的打算，张新建憨厚地笑着说：“我个人富了不算富，乡亲们全都致富我才感到幸福。食用菌生长周期短，见效快，效益高，市场需求大，前景广阔，是农村一项很好的致富产业。我要带领大家共同发展食用菌产业，扶持他们走上致富路。”

第七节　勇担群众脱贫致富带头人——彭时顿

彭时顿，1975年6月22日出生，中共党员，海南省青联委员。他是三亚市一名青年农民，荣获过“三亚市杰出青年农民”称号，“海南省五四青年奖章”、2013年和2014年连续两年荣获“全国百强农产品经纪人”“海南省优秀运销商”。他曾经是一名国营洋浦港的技术员，广州南北水果市场的芒果销售员，现任三亚君福来实业有限公司总经理及三亚市芒果协会会长，三亚市农村青年致富带头人协会会长。他务实创新，坚持不懈，孜孜不倦地带领当地果农、贫困户共同创业，发挥聪明才智，全心全意为农村发展致富做出的创新方式方法起到重要作用，产生积极的影响。

基础帮扶，先解燃眉之急

1. 爱心助销扶贫山鸡

2016 年 8 月 28 日，在市农业局和团市委号召下，彭时顿带领三亚市农村青年致富带头人协会会员牵手三亚市芒果协会会员、三亚君福来实业有限公司成员、海南农友会会员、爱在天涯志愿者团队发起爱心助销活动，通过微信公众号、微信群等信息发布，在社群内开展爱心购买接龙，帮助吉阳区罗蓬村贫困户销售他们养殖的山鸡，460 只山鸡当天抢购一空，协会还承担了不能到现场购买的消费者的代购，代运工作。

2. 爱心助销生态鹅

2016 年 11 月 13 日，彭时顿带领三亚市农村青年致富带头人协会会员牵手三亚市芒果协会会员、三亚君福来实业有限公司成员、社群爱心消费者与爱在天涯志愿者共同助销天涯区抱前村贫困户养殖的生态鹅，当天销售一空。

2016 年 12 月，了解到崖城青瓜滞销，彭时顿带领协会成员、公司员工助销贫困户青瓜，连续几次销售青瓜达 4 万多千克。

3. 帮扶崖州区贫困户兰玉光

在彭时顿的带领下，三亚施顿农业综合开发有限公司及三亚君福来实业有限公司精准帮扶贫困户兰玉光，为其修复补漏老房屋，新房屋贴上地板砖，为贫困户购买家具沙发一套、赠送电视机一台，还为帮助销售其养殖产出的绿壳鸡蛋。

爱心助学，扶贫先扶教育

从2010年4月开始在彭时顿的带领下，施顿公司与南滨农场白超队设立了“施顿白超助学金”，2012年之后转由他个人继续资助，7年来他一直坚持对考上大学的贫困学生资助每人3 000~10 000元不等的学费，对考上省、市重点中学的贫困学生支助每人1 000~5 000元不等的学费，为贫困学生求学开启了“圆梦绿色通道”。

2016年11月18日，在市农业局，团市委的指导下，彭时顿带领三亚市农村青年致富带头人协会联合三亚市芒果协会、爱在天涯志愿者前往天涯区高峰乡抱龙村开展公益助学活动，给乡村的孩子们送去了书包、被子、文具、图书、儿童牙膏牙刷、毛巾等爱心物品，并把学校教师内墙进行了粉刷，给孩子们创造良好学习环境。

从生产到销售，全方位科学帮扶

1. 芒果采摘，电商销售

发起认养芒果树，预售方式，采摘活动体验方式，传统加电商渠道方式，多种方式帮扶吉阳区贫困户兰学明销售芒果，并为他引进科学种植方法，购买芒果保险，帮助打包快递发货等，为其生产销售全方位保驾护航，真正使其在过程中学习到全链条生产销售方式。

在三亚市农业局、共青团三亚市委的指导下，彭时顿带领三亚市芒果协会于2016年5月21日、28日精准帮扶了吉阳区保球村贫困户兰学明。精准扶贫活动中，社会爱心人及芒果协会的会员认养了芒果树，以500元价格买下了一株芒果树的一年使用收益权。他们与果农签订了果树授权书，并得到了三亚市芒果协会颁发的果权证。在这一年里，他们可以在这株芒果树上悬挂或者放置喜爱的标志；可以参与果树的浇水、施肥、修剪、除草等管理，如果没有时间参与管理，可以委托三亚市芒果协会的工作人员帮忙管理。

2016 年 11 月 25 日上午，在彭时顿的带领下三亚市芒果协会、农村青年致富带头人协会联合三亚市青联委员、太保产险海南分公司、海南水果岛农业开发有限公司、三亚康然农业有限公司、海南舜天柏霖农业发展有限公司及协会会员等来到了三亚市芒果协会产业精准扶贫首批结对者兰学明家中，以《关于三亚市芒果协会产业精准扶贫的方案》为指导，针对芒果种植贫困户兰学明的 80 株芒果树，进行全方位立体化的精准扶贫，为其引进水肥一体化灌溉系统等方式，从技术、销售、保险方面进行全方位立体化的精准扶贫。

2017 年 4 月 30 日再次组织爱心人士前往兰学明的果地，实施精准扶贫的“五一爱心芒果采摘活动”，本次采摘活动中，去年认购芒果树的爱心人士可免费采摘 25 千克的芒果，未认购以每千克 20 元采摘。一年多来，在三亚芒果协会组织的技术人员指导下，兰学明的台农芒果得到良好的成长，如今芒果长得饱满，个头大，参与采摘的爱心人士看了爱不释手，纷纷动手自行采摘。三亚市芒果协会组织打包人员现场为采摘者的芒果进行精美打包，部分需要发往外地的，由三亚君福来实业有限公司合作的快递公司第一时间发货。本次采摘活动，共采摘 500 千克芒果。彭时顿表示：“未采完的芒果，三亚市芒果协会将会联系传统收购商、电商等协助销售。今后，只要有需要，还会从技术上、销售上帮助兰学明。同时，在精准扶贫中，三亚市芒果协会和三亚市农村青年致富带头人协会将对扶贫对象继续帮扶，从授人以鱼转为授人以渔，让他们通过智慧和双手，生产出优质的农产品，从而获得更高的回报。”一次性被动输血式帮扶变为贫困户自主持续造血，提高芒果种植困难户的自我发展能力。

2. 预约养殖，代售代运代发，助销励志北京鸭

2016 年 10 月 1 日，从第一民生发出的新闻得知育才区雅亮村残疾人养殖户周永安养殖的北京鸭销售出现了困难，在市农业局和团市委号召下，彭时顿带领三亚市农村青年致富带头人协会会员牵手三亚市芒果协会会员、三亚君福来实业有限公司成员、海南农友会会员、爱在天涯志愿者团队立刻发起爱心助销活动，在社会各界爱心人士的热心配合下，当天组织了 13 辆车，浩浩荡荡开往雅亮村，将养殖户的北京鸭抢购一空，协会帮助消费者代购就多达 100 只，安排了皮卡车帮助运送代购鸭子到市区分发给消费者。

2016 年 10 月 17 日，全国扶贫日三亚市扶贫产品展销活动上，再次与育才区雅亮村残疾人贫困户周永安签订 500 只北京鸭预约养殖协议，现场预付定金 10 000 元整，于 2017 年年前销售完毕。

3. 开展脱贫致富夜校特别课程，送技术送信心

扶贫先扶志，2016 年年底，利用各村开展扶贫夜校契机，彭时顿带领各类从事种养殖、各区致富“领头雁”等致富带头人协会、芒果协会会员到各村夜校现身说法，开展“榜样的力量”送动力活动，交流创业致富经验，给贫困户上一堂励志课，送去脱贫致富的“动力”。交流人员都是贫困户身边鲜活的案例，“可亲”“可信”“可学”，取得了触动贫困户心灵的效果，得到各方点赞，《海南日报》、海南电视台、《南国都市报》《三亚日报》、三亚电视台等省市媒体以显著版面或时段进行了专题报道。随后多次带领协会技术人员下村到天涯区、崖州区、育才区贫困户家中了解情况，现场教导生产技术，并承诺长期提供技术支持。

2017 年 6 月 14 日，彭时顿带领三亚市农村青年致富带头人协会和三亚市芒果协会技术人员到精准扶贫户王才妹、董海荣家里，为他们送去农药等农资，技术人员现场给他们做了芒果种植技术和芒果农药使用方法的讲解，积极帮助贫困户发展种植生产，同时鼓励他们积极克服困难，树立信心，依靠自己双手勤劳致富，争取早

日脱离贫困。

4. 活跃“扶贫日”，创新微电商+扶贫模式

2016 年 10 月 17 日，市农业局、团市委、彭时顿带领三亚市农村青年致富带头人协会会员、三亚市芒果协会会员、三亚君福来实业有限公司员工牵手全国扶贫日三亚市扶贫产品展销活动，带领微电商团队，现场助销大量扶贫产品，其中，仅火龙果就通过微商团队销售了 500 千克。

帮扶资金入股，经营分红，带薪岗位实践学习，收入、技能培训一把抓

2017 年 5 月，三亚市崖州区扶贫办将市级专项资金中的产业扶贫项目资金 148.03 万元以投资基础设施或购买生产资料的形式实现资金入股三亚君福来实业有限公司 4 年，共帮扶崖州区 161 户贫困户，其中，一级帮扶户的资金 20 000 元/(年·人)，二级帮扶户的资金 7 000 元/(年·人)，三级帮扶户的资金 1 700 元/(年·人)，享受年 12%分红，即每年每人可分别获得 2 400 元、840 元和 204 元的分红。在每年芒果收获季节，芒果的采摘和包装的过程中，对普工的需求量较大，时间大约 4 个月（3 月、4 月、5 月、6 月）。根据帮扶户的自身状况，安排合适的劳务岗位，实现企业和贫困户的双赢，带动人均 14 400 元的工资收入（120 元/天×120 天=14 400 元），实现当年脱贫的目标，这样一方面帮扶户获得工资收入，另一方面通过企业培训，获得劳动技能，从而实现脱贫，防止返贫。

彭时顿说：“到目前为止，虽然开展了一些活动，但我们做得还远远不够，将来，协会、企业将进一步整合资源，为广大会员与贫困户搭建学习交流合作平台，当好农村青年创业致富的排头兵，脱贫扶智、扶贫、扶心，坚持富口袋与富脑袋同频共振，从思想上、创业方式上、技术、销售上全面帮扶贫困户脱贫致富，助力三

亚市精准扶贫工作”。

第八节　商丘市柘城县优秀致富带头人——王茜

王茜，女，1988年，柘城县大件乡马庄村人，河南省人大代表，商丘市人大代表，柘城县人大常委委员。阿里巴巴农村淘宝合伙人，创梦者电子商务培训有限公司负责人。2015年5月被团市委授予“商丘市十佳双创青年”荣誉称号，2016年4月被市妇联授予“商丘市三八红旗手”荣誉称号，2016年10月被市工会授予“商丘市最美农民工”荣誉称号，2017年获得“商丘市劳动模范”“感动商丘十大新闻人物”。2018年获得“商丘市十佳农民”“河南省脱贫攻坚创新奖”2019年获得“柘城县创业之星”。

毅然返乡创业，开展农村淘宝

2015年8月，柘城县与阿里巴巴集团签订了“千县万村”农村淘宝项目协议，集中力量建设了11万平方米的柘城县电子商务产业园，为全县青年搭建起了一个“大众创新、万众创业”的电商平台，成为豫东首家与阿里巴巴集团签订“千县万村”农村淘宝项目的试点县。在阿里巴巴集团农村淘宝事业部的指导下，柘城县号召柘城籍在外务工农村青年回乡创业，参加农村淘宝合伙人海选。当时，王茜是浙江义乌一家外贸企业的白领，凭借英语专业八级水平和所掌握的电商、互联网技能，月入数万元。为了实现自己的创业理想，积极带动村民创业致富，王茜毅然放弃年薪几十万元的工作，回乡参加农村淘宝选拔，最终从5 000多名应征者中脱颖而出，成为柘城县115名农村淘宝合伙人之一，在老家大件乡马庄村建立了一个农村淘宝服务店。店面开张后，王茜以真诚开朗的性格、耐心周到的服务，很快赢得了村里人的信任。村里人主动通过她购买日常用品和农资，2016 年全年交易额 200 多万元，买单 7 000 多，卖单 8 000 多，为村民代购汽车 12 辆，为群众节省资金近 20 万元，在做好农村淘宝线上线下销售的同时，王茜通过农村淘宝“旺农贷”平台，扶助贫困户创业，为村里贫困户、养殖种殖户和小微企业贷款 200 余万元。

汗水辛勤浇筑，走上国际舞台

2016 年 4 月 18 日，王茜站在了位于瑞士的联合国贸易和发展总部，通过一张张图片、一个个案例，分享了农村淘宝合伙人在中国农村经历的真实故事，向台下来自埃及、印度的官员以及联合国的工作人员展示了她通过农村淘宝平台返乡创业，并给农村生活带来系列变化的经验。来自埃及、印度以及非洲多个国家的官员对王茜的“女性创业”经验表现出了浓厚兴趣。阿里巴巴农村淘宝豫东运营部负责人介绍说，阿里巴巴集团接到联合国贸易和发展会议（UNCTAD）的邀请后，开始在全国 300 多个实施农村淘宝项目的县 1 万余名“村淘”合伙人中选拔代表。根据淘宝业务量、“旺农贷”贷款金额和在农村开展公益活动的情况，通过综合衡量，公平竞争，王茜最终从中国 1 万余名农村淘宝合伙人中脱颖而出，走向了联合国大舞台，分享了她的“村淘”创业经验。

建立服务中心，帮扶贫困就业

王茜所在的马庄村位于大件乡政府东 4 千米处，辖 2 个自然村，总人口共 558 户、1 848 人，共有贫困人口 167 户、323 人，耕地总面积 2 400 亩，以种植养殖业为主，经济基础薄弱，大多数青壮年劳力选择外出打工，村里留守老人、妇女和儿童较多。为带动贫困户创业就业，提升贫困户收入水平，王茜在大件乡朱堌寺村建立了电商发展服务中心，组建了大件乡电商营销团队，选拔懂电脑、会业务的贫困户和留守妇女 20 余人，定期开展专门培训，将周边村的黄金梨、鸭蛋、辣椒酱、服饰、毛巾、手工制品等农村特色产品进行上线销售，前期两个月，网上销售黄金梨 40 吨、毛巾 5 万条。同时，王茜致力于开展自主品牌的创业项目，她联合大作乡各村 60 余位留守妇女，组建了 60 人的微商团队，注册了“驻颜·茜”固元阿胶膏商标，进行加工、包装、销售，在起步阶段，日销售额就达 2 000 元以上。自创了“创梦者”手工制品品牌，吸纳周边贫困户、留守妇女和老人 50 余人，从事手工吊篮、屏风，小凳子加工编制，进行网上销售，上线销售第一天，“创梦者”手工吊篮就取得了销售额 10. 06 万元的好成绩。王茜通过建立销售团队和创建自主品牌，合计带动本地 200 多名贫困人员就业和创业。两年多来做公益电商培训 150 多场，已经为 20 个贫困户开设了网店，卖出柘城特产大礼包 30 000 多件，胡芹 1 万千克，播放公益电影 200 多场。2019 年在河南省春风行动启动仪式上作为创业典型发言。

从事公益事业，热心回报乡梓

为了提高村民生活质量，丰富村民业务文化生活，王茜积极联系送戏下乡，定期播放电影。她关心留守儿童和孤寡老人，并与村小学的孩子们一起庆祝六一儿童节，送给孩子们学习用品，开办假期公益英语班，帮助孩子学习英语。逢年过节，总是先到孤寡老人家中嘘寒问暖，为老人送去米面油和衣物等生活用品，确保老人开心度过节日。王茜在做好村淘站点时，更关注后续服务。了解到部分农民田地受虫灾影响，第一时间联系自己所销售的化肥经销商，现场来为农民讲解应对季节性病虫害灾情措施。2017 年 1 月，农村淘宝村猎功能正式开通，通过村猎平台，合伙人可以帮助村民找到适合自己的工作。王茜积极帮助乡里青年制作投递简历，成为村猎功能开通以来，全县第一个成功帮助村民找到工作的优秀合伙人。截至目前，共投递简历 120 多份，帮助青年成功就业 32 人。

脱贫工作中的奉献

大作乡马庄村是全县有名的贫困村，只因有了王茜，脱贫攻坚倒变得轻松加愉快。返乡创业的 3 年，这是个敏感的时间段。说长，足够打一场旷日持久的战争；说短，在历史长河中也算得上弹指之间。而对于王茜，却是经历了创业的艰辛过程。3 年过去了，如今，“口妮儿”特产在当地实为一个小有名气的“品牌”。“口妮儿”土特产大礼包早已走俏线上线下，当初不显山不露水的“口妮儿”食品，现在不由得让人刮目相看。

谈起“口妮儿”土特产食品，业务范围不仅有养殖、种植，产业链越拉越长，已经延伸到深加工、有机肥加工、无公害蔬菜生产、水果种植及农产品加工等。

一路风雨一路歌。王茜又成立了柘城县乡甜农民专业合作社，土地从刚开始流转的 20 余亩，到现在的 500 多亩；从当初的夫妻齐心，到现在的 30 多户，不能说不是一个飞跃。一路走来的，是农村生态循环经济之路。

做好土地这篇文章，向土地要效益。王茜重新整合资源，流转农民的土地，让农民以土地入股专业合作社，还尽量吸纳贫困群众就业，让贫困户享受到 3 份进账：地租、入股分红和务工收入。贫困户碰到能人王茜，贫困的“帽子”即刻被踩在脚下，成了小康路上的“垫脚石”，不少贫困户当年入社，当年就实现了脱贫。

合作社领先脱贫攻坚，结对帮扶因人而异。针对不同的农户，采取不同的帮扶措施，结对帮扶吸纳一部分贫困户为企业固定员工；再根据季节特点变化，适时优先聘用贫困户临时工；对有条件的贫困群众，也可承包蔬菜大棚独立经营，收益按比例分成。

“羊羔跪乳，乌鸦反哺。”致富不忘本，心系家乡人、心系公益事业，多年来，王茜不遗余力地为家乡人办着实事好事。

不忘初心，牢记乡亲。收获着越来越多乡邻的信任与拥护，走出去，请进来，带领越来越多的农民，正在走出贫穷的困扰，走向康庄大路，走向光明的未来。

第九节　安阳市滑县优秀致富带头人——赵俊林

赵俊林，男，1973 年 11 月 5 日出生，滑县老庙乡赵户固村人，现任滑县老庙乡鸿发超市总经理，滑县政协委员。

小时候经常能听到家人和老师讲："要心存感恩，吃水不忘挖井人。"他出生在一个普普通通的农村家庭，小时候家庭贫困，很早就知道生活的不容易，但乡亲们都是淳朴和善的人，给了他很多帮助，在他成长中长辈们一直谆谆教诲，所有的这些他都记在心里，总想在自己长大后能够回馈父老乡亲。后来，他干过餐馆、开了烟酒门市、再后来经营了一家大众温泉洗浴，干的这些都离不开百姓的生活，他希望用自己的力量为乡亲们做点什么，哪怕一点微不足道的服务，但这些还是太少了。从 2015 年起，他就联合几个志同道合的朋友开始做"鸿发超市"这个项目，但是家里人比较反对，因为家庭生活才刚刚好转，没有多少积蓄，做鸿发超市这个项目需要的资金高达几百万，但是他就想切切实实的为老百姓做点事，因为只有不断扩大平台，他才能帮助更多的人，于是他和几个朋友各自出资，又东拼西凑、找银行贷款，才让这个项目逐渐开展起来，在这个过程中，他得到了老庙乡政府、乡党委书记的大力支持，在政府的引导下，鸿发超市被委以重任，成为滑县 NO. 2201 产业扶贫就业（帮扶）基地，这让他非常的激动，他认为实现梦想的机会来了，于是暗下决心："既然党和政府这么信任我，我一定要做出一番成绩来，既满足了我个人多年来的愿望，也不辜负党和政府的信任！"

用人优先用贫困户，让他们和我们一起脱贫！

鸿发超市 2016 年 9 月开业，一楼经营生鲜、食品和百货类超市，二楼为鞋服广场，用人编制在 150 人左右，其中现有建档立卡贫困户 11 人，其中，10 人已脱贫，还有 1 人未脱贫。

自超市开业以来，带领贫困员工脱贫成为了赵俊林新的工作目标，也是落实党的十八大以来扶贫脱困的方针政策。为了让工作切实落到实处，让脱贫能够真正实现，他经常夜不能寐、辗转反侧，多方请教，和团队一起想办法、找对策。

首先，用人优先用贫困户，同时，还通过乡政府找到贫困户名单，积极拜访，让贫困户到超市来工作，起码解决了日常的生活开支问题，让员工一年收入至少 2 万多元。

其次，扶贫先扶志，做好贫困户员工的“思想脱贫”。在超市内，成立了“扶贫帮扶小组”，也有超市工会，赵俊林认为：扶贫不是简单物质上的帮助，更重要的是转变贫困户员工的思想，让他们感受到我们大家庭的关怀和温暖，改变自身思想盲目、不自信的状态，认识到自身思想的局限性。扶贫帮扶小组定期会组织大家开会，了解贫困户员工的家庭实际情况和思想状态，及时为他们排忧解难，减轻家庭的负担；同时，给员工做思想教育工作，积极传达党和政府的各项优惠政策，切实帮助贫困员工争取到一定的实惠。

再次，技能培训。根据员工自身的特点，安排合适的岗位，并进行岗位技能培训。在岗位工资高绩效工资高的部门有限安排贫困户员工，如超市面点、面包、冷鲜肉等技能部门，岗位工资高，尽量安排贫困户员工，对于性格开朗、善于言谈的员工，安排厂家促销和鞋服促销，这些岗位绩效工资高些。

最后，成立扶贫基金。这项资金由扶贫小组决定使用，通过定期会议和走访贫困户家庭，了解贫困员工实际生活困难，为他们提供些物质帮助，并组织团队成员义务帮扶，让员工在困难的时候能感受到组织大家庭的温暖。

建立“超市+合作社+农户”模式，彻底把贫困户和公司“绑”在一起

鸿发超市自成立以来，就以“发展实业助力滑县经济发展，产业扶贫帮扶就业”为指导思想，切实从自身出发，尽自身最大努力帮扶周边贫困户家庭。

众所周知，超市是个民生行业，销量最大的就是蔬菜、水果、鸡蛋、杂粮这些品类，通常这些都有地市级的大型批发市场来供应，很多超市也是去这些市场拉货，因为这些市场品种全面、商品品质较好，但与之相比的是超市周边还存在大量种植大蒜、白菜、西瓜等农户，由于缺乏相应的种植标准、商品品质不达标、种植规模不够、距离大型批发市场较远、议价能力弱等问题，导致农户基本赚不到钱，有时候赚有时候赔，收入不稳定，根据这种情况，赵俊林利用鸿发超市这个好的平台，再联系周边乡镇几个兄弟单位，共同制定好全年的采购品项和采购订单，再积极的去联系本地的合作社和农户，优先选择合作贫困户种植的蔬果。

首先，指导贫困种植户种植要求，告知全年的采购规划，让他们的商品有种植标准，这样才能有市场销路。贫困户家庭有实际经济困难的，积极帮助他们订购蔬果种子、农药、化肥等，同事联系了县级农业种植专家来指导，给予农户全程的种植指导，让种植蔬果走上了标准化道路，让贫困户种植心里有数、有底。

其次，积极拓宽销路。要贫困户种植，规模有了保证，但是仅仅依靠几个超市的采购还不能满足这个销量的需要，于是赵俊林决定，这些蔬果，除供应几个超市外，把剩余的产能再“反哺”到批发市场。赵俊林主动联系批发市场的批发大户，与他们达成合作，让他们也销售贫困种植户的蔬果。这样种植产品有了销售保证，贫困农户收入有了保证，他们心里更有底了。还记得夏天去田

里拉西瓜的时候，一个贫困种植户拉着赵俊林的手说：“多亏了有你帮助我们，让他地里这些瓜果能卖上好价钱，以前我们种植都是饥一顿饱一顿的，心里没谱啊！”这些都让他心里很温暖，能用自己的力量来帮助大家解决了实际问题，让大家有了稳定的收入，让还在贫困的家庭能够脱贫致富，这是一件“很幸福”的事情，也是利国利民的大好事。

积极回报社会，参加公益活动，帮助社会弱势群体

在做好本职工作的同时，赵俊林经常在思考怎样通过其他方式来帮助周边的贫困户和老弱群体，他们才是这个社会最需要帮助的人，他们的幸福才是我们这个社会“幸福的底线”，他们才是我们脱贫攻坚的最难的地方，他决定从自身做起，积极带动周边朋友、员工，让他们也积极参与进来，感受乐于助人、无私奉献带来的幸福喜悦！

首先，他想到了老庙乡敬老院。敬老院有16名孤寡残疾老人，他们有的没有了老伴、有的没有了子女、有的身体残疾，没有了生活经济来源，平时依靠政府部门的帮扶来生活，他就尽自己最大的努力，每年给孤寡老人送去米面粮油、毛巾袜子被子等生活用品，同时他还发动员工、朋友平时去做些义务劳动，既帮助了实际生活困难，也尽量让老人能都感受到这个社会大家庭的关心和温暖。同时，去帮助老人回来的朋友跟赵俊林说：“一起工作太忙，从来没有干过这些，去敬老院帮老人后，感觉内心很充实、很幸福，也许我们平时都急着挣钱、拼事业，但突然慢下来做些帮助别人的事情，让内心感受到从来没有的温暖！”朋友能够这样说他也很高兴，因为他知道：乐于助人、无私奉献本身就是一件伟大而幸福的事，它让我们没有了功利心，扭转了生活观，发现世界的美好！

其次，向滑县慈善总会捐款。2018年1月，春节临近，他代

表老庙鸿发超市向滑县慈善总会捐款 5 000 元，钱虽然不多，但是希望能够帮助到有需要帮助的人。

再次，2017—2018 年春节期间，他带领鸿发超市的家人分别去了老庙乡马户固村和赵户固村，看望村中的贫困孤寡老人，这些老人多是村中收入较低的人群，他们年纪大，能做的事有限，生活经济来源较少，就更需要社会的关心和帮助，赵俊林和家人就为他们送去了米面粮油等生活物品，还送给了他们 568 张洗澡票，温暖了老人的心，让他们开开心心过大年，也许这就是扶贫扶弱路上迈开的一小步，以后的路还很长，对他们持续性的关注也需要依靠社会的共同努力。

最后，2018 年冬天，通过和租赁户沟通，积极争取到 80 件棉袄，他代表鸿发超市向马户固、赵户固等村的孤寡老人免费发放，并向乡镇扶贫部门报备，现已发放到位。

扶贫扶弱的道路很长，我们一直在路上

回首这些年的事情都历历在目，有欢笑、有泪水，但是赵俊林仍然坚守自己内心最初的想法，仍然怀念和感恩所有帮助过他的人，所以他会一直把扶贫扶弱的事情做下去，让那些需要帮助的人能够免受一些痛苦，能够在生活中感受到社会的温暖！

2018 年 4 月，他因积极参与扶贫济困、关心社会公益事业被滑县工商联合会（总商会）授予 2017 年度非公经济界爱心人士荣誉称号。

2018 年 12 月，他被中共滑县县委组织部、中共滑县县委宣传部、中共滑县县委政法委、滑县文明办、滑县民政局、滑县人社局共同组织的滑县好人活动评选为 2018 年度“滑县好人”荣誉称号。

所有做过的事情都是过去式，前面的路还很长，他有很多的事情需要不断去落实，但只要心中有一个乐于助人、无私奉献、积极

建设社会大家园的梦想，就会义无反顾、勇往直前。

第十节　许昌市鄢陵县优秀致富带头人——裴得功

裴得功，1963 年生，1988 年至今担任鄢陵县张桥镇裴庄村支部书记，依靠自身多年的经营经验，发展裴庄村的脱贫产业和集体经济，带领乡亲们实现了“共同致富”。

抓特色，全面推进产业发展

2018 年“三块地”整治，本村整治荒园、荒坑 63 亩，全部流转到村合作社统一管理。为了充分利用好这些土地，他自费到三省五市考察，最终选择金丝皇菊种植。经过十多家公司的筛选最终与金丝皇菊发源地江西婺源一家公司签订供苗、种植技术管理、烘烤、销售等一系列协议。于 5 月 7 日 15 亩金丝皇菊栽培完毕，经过几个月的辛勤耕耘，11 月中旬盛花期开始采摘、烘烤，截至 2019 年 5 月此项集体经济收入已超过 20 多万元。2019 年又扩大种植面积 30 多亩，预计村集体经济收入可突破 50 万元。

抓契机，促集体经济发展

为了发展壮大村集体经济，他历尽艰辛找项目，2019 年 4 月一栋 650 平方米多功能厂房拔地而起。厂房建成投入生产后可带动本村村民 40 多人就业，人均月增收 1 500 元左右，预计 2020 年年底村集体销售收入可达百万元。

电商平台是新形势下的销售渠道，他大胆设想网络销售，村投入 2 万元购买电脑等设备，接纳从业人员 4 人，开展网上平台时行销售，网络销售额的 10% 提成，预计 2019—2020 年年底本村销售额要突破 200 万元。

发展特色养殖，2017 年 11 月建成占地面积 1 980 平方米，设计装栏 200 头，从业人员 5 人，总投资 100 余万元的牛业养殖场。经过两年的饲养销售，经济效益可观。2019 年 4 月他为了村民增加收入，鼓励村民多发展散养户，亲自到昆明皓月集团签订千头肉牛回收协议。现已饲养 7 个月的百头西门塔尔肉牛正在销售中，村民纯收入可达 40 多万元，养殖户都深受夸赞是我们的好书记帮我们创造的效益。

任职 30 多年来，裴得功牢记忠诚，敢于担当，严守为民、务实、清廉办事的原则。扎根基层，心系百姓，立足本职，牺牲奉献，团结带领村民走上了一条脱贫致富的小康大道。

附录 《关于打赢脱贫攻坚战三年行动的指导意见》

党的十八大以来，以习近平同志为核心的党中央把脱贫攻坚工作纳入“五位一体”总体布局和“四个全面”战略布局，作为实现第一个百年奋斗目标的重点任务，作出一系列重大部署和安排，全面打响脱贫攻坚战。过去5年，我们采取超常规举措，以前所未有的力度推进脱贫攻坚，农村贫困人口显著减少，贫困发生率持续下降，解决区域性整体贫困迈出坚实步伐，贫困地区农民生产生活条件显著改善，贫困群众获得感显著增强，脱贫攻坚取得决定性进展，创造了我国减贫史上的最好成绩。过去5年，我们充分发挥政治优势和制度优势，构筑了全社会扶贫的强大合力，建立了中国特色的脱贫攻坚制度体系，为全球减贫事业贡献了中国智慧和中国方案，谱写了人类反贫困史上的辉煌篇章。

党的十九大明确把精准脱贫作为决胜全面建成小康社会必须打好的三大攻坚战之一，作出了新的部署。从脱贫攻坚任务看，未来3年，还有3 000万左右农村贫困人口需要脱贫，其中因病、因残致贫比例居高不下，在剩余3年时间内完成脱贫目标，任务十分艰巨。特别是西藏、四省藏区、南疆四地州和四川凉山州、云南怒江州、甘肃临夏州（以下简称“三区三州”）等深度贫困地区，不仅贫困发生率高、贫困程度深，而且基础条件薄弱、致贫原因复杂、发展严重滞后、公共服务不足，脱贫难度更大。从脱贫攻坚工作看，形式主义、官僚主义、弄虚作假、急躁和厌战情绪以及消极腐败现象仍然存在，有的还很严重，影响脱贫攻坚有效推进。必须清醒地把握打赢脱贫攻坚战的困难和挑战，切实增强责任感和紧迫感，一鼓作气、尽锐出战、精准施策，以更有力的行动、更扎实的工作，集中力量攻克贫困的难中之难、坚中之坚，确保坚决打赢脱贫这场对如期全面建成小康社会、实现第一个百年奋斗目标具有决定性意义的攻坚战。

按照党的十九大关于打赢脱贫攻坚战总体部署，根据各地区各部门贯彻落实《中共中央、国务院关于打赢脱贫攻坚战的决定》的进展和实践中存在的突出问题，现就完善顶层设计、强化政策措施、加强统筹协调，推动脱贫攻坚工作更加有效开展，制定以下指导意见。

一、全面把握打赢脱贫攻坚战三年行动的总体要求

（一）指导思想

全面贯彻党的十九大和十九届二中、三中全会精神，以习近平新时代中国特色社会主义思想为指导，充分发挥政治优势和制度优势，坚持精准扶贫精准脱贫基本方略，坚持中央统筹、省负总责、市县抓落实的工作机制，坚持大扶贫工作格局，坚持脱贫攻坚目标和现行扶贫标准，聚焦深度贫困地区和特殊贫困群体，突出问题导向，优化政策供给，下足绣花功夫，着力激发贫困人口内生动力，着力夯实贫困人口稳定脱贫基础，着力加强扶贫领域作风建设，切实提高贫困人口获得感，确保到2020年贫困地区和贫困群众同全国一道进入全面小康社会，为实施乡村振兴战略打好基础。

（二）任务目标

到2020年，巩固脱贫成果，通过发展生产脱贫一批，易地搬迁脱贫一批，生态补偿脱贫一批，发展教育脱贫一批，社会保障兜底一批，因地制宜综合施策，确保现行标准下农村贫困人口实现脱贫，消除绝对贫困；确保贫困县全部摘帽，解决区域性整体贫困。

实现贫困地区农民人均可支配收入增长幅度高于全国平均水平。实现贫困地区基本公共服务主要领域指标接近全国平均水平，主要有：贫困地区具备条件的乡镇和建制村通硬化路，贫困村全部实现通动力电，全面解决贫困人口住房和饮水安全问题，贫困村达到人居环境干净整洁的基本要求，切实解决义务教育学生因贫失学辍学问题，基本养老保险和基本医疗保险、大病保险实现贫困人口全覆盖，最低生活保障实现应保尽保。集中连片特困地区和革命老区、民族地区、边疆地区发展环境明显改善，深度贫困地区如期完成全面脱贫任务。

（三）工作要求

坚持严格执行现行扶贫标准。严格按照“两不愁、三保障”要求，确保贫困人口不愁吃、不愁穿；保障贫困家庭孩子接受九年义务教育，确保有学上、上得起学；保障贫困人口基本医疗需求，确保大病和慢性病得到有效救治和保障；保障贫困人口基本居住条件，确保住上安全住房。要量力而行，既不能降低标准，也不能擅自拔高标准、提不切实际的目标，避免陷入“福利陷阱”，防止产生贫困村和非贫困村、贫困户和非贫困户待遇的“悬崖效应”，留下后遗症。

坚持精准扶贫精准脱贫基本方略。做到扶持对象精准、项目安排精准、资金使用精准、措施到户精准、因村派人（第一书记）精准、脱贫成效精准，因地制宜、从实际出发，解决好扶持谁、谁来扶、怎么扶、如何退问题，做到扶真贫、真扶贫，脱真贫、真脱贫。

坚持把提高脱贫质量放在首位。牢固树立正确政绩观，不急功近利，不好高骛远，更加注重帮扶的长期效果，夯实稳定脱贫、逐步致富的基础。要合理确定脱贫时序，不搞层层加码，不赶时间进度、搞冲刺，不搞拖延耽误，确保脱贫攻坚成果经得起历史和实践检验。

坚持扶贫同扶志扶智相结合。正确处理外部帮扶和贫困群众自身努力的关系，强化脱贫光荣导向，更加注重培养贫困群众依靠自力更生实现脱贫致富的意识，更加注重提高贫困地区和贫困人口自我发展能力。

坚持开发式扶贫和保障性扶贫相统筹。把开发式扶贫作为脱贫基本途径，针对致贫原因和贫困人口结构，加强和完善保障性扶贫措施，造血输血协同，发挥两种方式的综合脱贫效应。

坚持脱贫攻坚与锤炼作风、锻炼队伍相统一。把脱贫攻坚战场作为培养干部的重要阵地，强化基层帮扶力量，密切党同人民群众血肉联系，提高干部干事创业本领，培养了解国情和农村实际的干部队伍。

坚持调动全社会扶贫积极性。充分发挥政府和社会两方面力量作用，强化政府责任，引导市场、社会协同发力，构建专项扶贫、行业扶贫、社会扶贫互为补充的大扶贫格局。

二、集中力量支持深度贫困地区脱贫攻坚

（一）着力改善深度贫困地区发展条件

推进深度贫困地区交通建设攻坚，加快实施深度贫困地区具备条件的建制村通硬化路工程。加快实施深度贫困地区农村饮水安全巩固提升工程。加快深度贫困地区小型水利工程建设，推进深度贫困地区在建重大水利工程建设进度。推进深度贫困地区农村电网建设攻坚，实现农网动力电全覆盖。加强“三区三州”电网建设，加快解决网架结构薄弱、供电质量偏低等问题。加大深度贫困地区互联网基础设施建设投资力度，加快实现深度贫困地区贫困村网络全覆盖。推进深度贫困地区整合资金、统一规划、统筹实施农村土地综合整治和高标准农田建设。推进西藏、四省藏区、新疆南疆退耕还林还草、退牧还草工程。加快岩溶地区石漠化综合治理、西藏生态安全屏障、青海三江源生态保护、祁连山生态保护和综合治理

等重点工程建设。实施贫困村提升工程。

（二）着力解决深度贫困地区群众特殊困难

全面实施“三区三州”健康扶贫攻坚行动，重点做好包虫病、艾滋病、大骨节病、结核病等疾病综合防治。加强禁毒脱贫工作，分级分类落实禁毒脱贫举措。采取特殊措施和手段推动人口较少民族贫困人口精准脱贫。全面落实边民补助、住房保障等守边固边政策，改善抵边一线乡村交通、饮水等条件，启动实施抵边村寨电网升级改造攻坚计划，加快推进边境村镇宽带网络建设。稳妥推进新疆南疆土地清理再分配改革，建立土地经营与贫困户直接挂钩的利益分配机制。

（三）着力加大深度贫困地区政策倾斜力度

中央财政进一步增加对深度贫困地区专项扶贫资金、教育医疗保障等转移支付，加大重点生态功能区转移支付、农村危房改造补助资金、中央预算内投资、车购税收入补助地方资金、县级基本财力保障机制奖补资金等对深度贫困地区的倾斜力度，增加安排深度贫困地区一般债券限额。规范扶贫领域融资，依法发行地方政府债券，加大深度贫困地区扶贫投入。新增金融资金优先满足深度贫困地区，新增金融服务优先布局深度贫困地区，对深度贫困地区发放的精准扶贫贷款实行差异化贷款利率。保障深度贫困地区产业发展、基础设施建设、易地扶贫搬迁、民生发展等用地，对土地利用规划计划指标不足部分由中央协同所在省份解决。深度贫困地区开展城乡建设用地增减挂钩可不受指标规模限制，建立深度贫困地区城乡建设用地增减挂钩节余指标跨省域调剂使用机制。深度贫困地区建设用地涉及农用地转用和土地征收的，依法加快审批。在援藏援疆援青工作中，进一步加大对“三区三州”等深度贫困地区干部选派倾斜支持力度。

三、强化到村到户到人精准帮扶举措

（一）加大产业扶贫力度

深入实施贫困地区特色产业提升工程，因地制宜加快发展对贫困户增收带动作用明显的种植养殖业、林草业、农产品加工业、特色手工业、休闲农业和乡村旅游，积极培育和推广有市场、有品牌、有效益的特色产品。将贫困地区特色农业项目优先列入优势特色农业提质增效行动计划，加大扶持力度，建设一批特色种植养殖基地和良种繁育基地。支持有条件的贫困县创办一二三产业融合发展扶贫产业园。组织国家级龙头企业与贫困县合作创建绿色食品、有机农产品原料标准化基地。实施中药材产业扶贫行动计划，鼓励中医药企业到贫困地区建设中药材基地。多渠道拓宽农产品营销渠道，推动批发市场、电商企业、大型超市等市场主体与贫困村建立长期稳定的产销关系，支持供销、邮政及各类企业把服务网点延伸到贫困村，推广以购代捐的扶贫模式，组织开展贫困地区农产品定向直供直销学校、医院、机关食堂和交易市场活动。加快推进“快递下乡”工程，完善贫困地区农村物流配送体系，加强特色优势农产品生产基地冷链设施建设。推动邮政与快递、交通运输企业在农村地区扩展合作范围、合作领域和服务内容。完善新型农业经营主体与贫困户联动发展的利益联结机制，推广股份合作、订单帮扶、生产托管等有效做法，实现贫困户与现代农业发展有机衔接。建立贫困户产业发展指导员制度，明确到户帮扶干部承担产业发展指导职责，帮助贫困户协调解决生产经营中的问题。鼓励各地通过政府购买服务方式向贫困户提供便利高效的农业社会化服务。实施电商扶贫，优先在贫困县建设农村电子商务服务站点。继续实施电子商务进农村综合示范项目。动员大型电商企业和电商强县对口帮扶贫困县，推进电商扶贫网络频道建设。积极推动贫困地区农村资源变资产、资金变股金、农民变股东改革，制订实施贫困地区集体经济薄弱村发展提升计划，通过盘活集体资源、入股或参股、量化资产收益等渠道增加集体经济收入。在条件适宜地区，以贫困村村级光伏电站建设为重点，有序推进光伏扶贫。支持贫困县整合财政涉农资金发展特色产业。鼓励地方从实际出发利用扶贫资金发展短期难见效、未来能够持续发挥效益的产业。规范和推动资产收益扶贫工作，确保贫困户获得稳定收益。将产业扶贫纳入贫困县扶贫成效考核和党政一把手离任审计，引导各地发展长期稳定的脱贫产业项目。

（二）全力推进就业扶贫

实施就业扶贫行动计划，推动就业意愿、就业技能与就业岗位精准对接，提高劳务组织化程度和就业脱贫覆盖面。鼓励贫困地区发展生态友好型劳动密集型产业，通过岗位补贴、场租补贴、贷款支持等方式，扶持企业在贫困乡村发展一批扶贫车间，吸纳贫困家庭劳动力就近就业。推进贫困县农民工创业园建设，加大创业担保贷款、创业服务力度，推动创业带动就业。鼓励开发多种形式的公益岗位，通过以工代赈、以奖代补、劳务补助等方式，动员更多贫困群众参与小型基础设施、农村人居环境整治等项目建设，吸纳贫困家庭劳动力参与保洁、治安、护路、管水、扶残助残、养老护理等，增加劳务收入。深入推进扶贫劳务协作，加强劳务输出服务工作，在外出劳动力就业较多的城市建立服务机构，提高劳务对接的组织化程度和就业质量。东部地区要组织企业到西部地区建设产业园区，吸纳贫困人口稳定就业。西部地区要组织贫困人口到东部地区就业。实施家政和护工服务劳务对接扶贫行动，打造贫困地区家政和护工服务品牌，完善家政和护工就业保障机制。实施技能脱贫专项行动，统筹整合各类培训资源，组织有就业培训意愿的贫困家庭劳动力参加劳动预备制培训、岗前培训、订单培训和岗位技能提升培训，按规定落实职业培训补贴政策。推进职业教育东西协作行动，实现东西部职业院校结对帮扶全覆盖，深入实施技能脱贫千校行动，支持东部地区职业院校招收对口帮扶的西部地区贫困家庭学生，帮助有在东部地区就业意愿的毕业生实现就业。在人口集中和产业发展需要的贫困地区办好一批中等职业学校（含技工学校），建设一批职业技能实习实训基地。

（三）深入推动易地扶贫搬迁

全面落实国家易地扶贫搬迁政策要求和规范标准，结合推进新型城镇化，进一步提高集中安置比例，稳妥推进分散安置并强化跟踪监管，完善安置区配套基础设施和公共服务设施，严守贫困户住房建设面积和自筹资金底线，统筹各项扶贫和保障措施，确保完成剩余 390 万左右贫困人口搬迁建设任务，确保搬迁一户、稳定脱贫一户。按照以岗定搬、以业定迁原则，加强后续产业发展和转移就业工作，确保贫困搬迁家庭至少 1 个劳动力实现稳定就业。在自然条件和发展环境异常恶劣地区，结合行政村规划布局调整，鼓励实施整村整组搬迁。今后 3 年集中力量完成“十三五”规划的建档立卡贫困人口搬迁任务，确保具备搬迁安置条件的贫困人口应搬尽搬，逐步实施同步搬迁。对目前不具备搬迁安置条件的贫困人口，优先解决其“两不愁、三保障”问题，今后可结合实施乡村振兴战略压茬推进，通过实施生态宜居搬迁和有助于稳定脱贫、逐步致富的其他形式搬迁，继续稳步推进。加强安置区社区管理和服务，切实做好搬迁群众户口迁移、上学就医、社会保障、心理疏导等接续服务工作，引导搬迁群众培养良好生活习惯，尽快融入新环境新社区。强化易地扶贫搬迁督促检查，确保高质量完成易地扶贫搬迁目标任务。

（四）加强生态扶贫

创新生态扶贫机制，加大贫困地区生态保护修复力度，实现生态改善和脱贫双赢。推进生态保护扶贫行动，到 2020 年在有劳动能力的贫困人口中新增选聘生态护林员、草管员岗位 40 万个。加大对贫困地区天然林保护工程建设支持力度。探索天然林、集体公益林托管，推广“合作社+管护+贫困户”模式，吸纳贫困人口参与管护。建设生态扶贫专业合作社（队），吸纳贫困人口参与防沙治沙、石漠化治理、防护林建设和储备林营造。推进贫困地区低产低效林提质增效工程。加大贫困地区新一轮退耕还林还草支持力度，将新增退耕还林还草任务向贫困地区倾斜，在确保省级耕地保有量和基本农田保护任务前提下，将25°以上坡耕地、重要水源地15°~25°坡耕地、陡坡梯田、严重石漠化耕地、严重污染耕地、移民搬迁撂荒耕地纳入新一轮退耕还林还草工程范围，对符合退耕政策的贫困村、贫困户实现全覆盖。结合建立国家公园体制，多渠道筹措资金，对生态核心区内的居民实施生态搬迁，带动贫困群众脱贫。深化贫困地区集体林权制度改革，鼓励贫困人口将林地经营权入股造林合作社，增加贫困人口资产性收入。完善横向生态保护补偿机制，让保护生态的贫困县、贫困村、贫困户更多受益。鼓励纳入碳排放权交易市场的重点排放单位购买贫困地区林业碳汇。

（五）着力实施教育脱贫攻坚行动

以保障义务教育为核心，全面落实教育扶贫政策，进一步降低贫困地区特别是深度贫困地区、民族地区义务教育辍学率，稳步提升贫困地区义务教育质量。强化义务教育控辍保学联保联控责任，在辍学高发区“一县一策”制定工作方案，实施贫困学生台账化精准控辍，确保贫困家庭适龄学生不因贫失学辍学。全面推进贫困地区义务教育薄弱学校改造工作，重点加强乡镇寄宿制学校和乡村小规模学校建设，确保所有义务教育学校达到基本办学条件。实施好农村义务教育学生营养改善计划。在贫困地区优先实施教育信息化2.0行动计划，加强学校网络教学环境建设，共享优质教育资源。改善贫困地区乡村教师待遇，落实教师生活补助政策，均衡配置城乡教师资源。加大贫困地区教师特岗计划实施力度，深入推进义务教育阶段教师校长交流轮岗和对口帮扶工作，国培计划、公费师范生培养、中小学教师信息技术应用能力提升工程等重点支持贫困地区。鼓励通过公益捐赠等方式，设立贫困地区优秀教师奖励基金，用于表彰长期扎根基层的优秀乡村教师。健全覆盖各级各类教育的资助政策体系，学生资助政策实现应助尽助。加大贫困地区推广普及国家通用语言文字工作力度。开展民族地区学前儿童学习普通话行动。

(六) 深入实施健康扶贫工程

将贫困人口全部纳入城乡居民基本医疗保险、大病保险和医疗救助保障范围。落实贫困人口参加城乡居民基本医疗保险个人缴费财政补贴政策，实施扶贫医疗救助。切实降低贫困人口就医负担，在严格费用管控、确定诊疗方案、确定单病种收费标准、规范转诊和集中定点救治的基础上，对城乡居民基本医疗保险和大病保险支付后自负费用仍有困难的患者，加大医疗救助和其他保障政策的帮扶力度。全面落实农村贫困人口县域内定点医疗机构住院治疗先诊疗后付费，在定点医院设立综合服务窗口，实现各项医疗保障政策“一站式”信息交换和即时结算。在贫困地区加快推进县乡村三级卫生服务标准化建设，确保每个贫困县建好 1~2 所县级公立医院(含中医院)，加强贫困地区乡镇卫生院和村卫生室能力建设。深入实施医院对口帮扶，全国 963 家三级医院与 832 个贫困县的 1 180 家县级医院结对帮扶，为贫困县医院配置远程医疗设施设备，全面建成从三级医院到县医院互联互通的远程医疗服务网络。贫困地区每个乡镇卫生院至少设立 1 个全科医生特岗。支持地方免费培养农村高职（专科）医学生，经助理全科医生培训合格后，补充到贫困地区村卫生室和乡镇卫生院。贫困地区可在现有编制总量内直接面向人才市场选拔录用医技人员，选拔录用时优先考虑当地医疗卫生事业紧缺人才。全面实施贫困地区县乡村医疗卫生机构一体化管理，构建三级联动的医疗服务和健康管理平台，为贫困群众提供基本健康服务。加强对贫困地区慢性病、常见病的防治，开展专项行动，降低因病致贫返贫风险。开展地方病和重大传染病攻坚行动，实施预防、筛查、治疗、康复、管理的全过程综合防治。贫困地区妇女宫颈癌、乳腺癌检查和儿童营养改善、新生儿疾病筛查项目扩大到所有贫困县。开展和规范家庭医生（乡村医生）签约服务，落实签约服务政策，优先为妇幼、老人、残疾人等重点人群开展健康服务和慢性病综合防控，做好高血压、糖尿病、结核病、严重精神障碍等慢性病规范管理。实施贫困地区健康促进 3 年行动计划。将脱贫攻坚与落实生育政策紧密结合，倡导优生优育，利用基层计划生育服务力量，加强出生缺陷综合防治宣传教育。

（七）加快推进农村危房改造

允许各省（自治区、直辖市）根据国务院主管部门制定的原则，结合各自实际推广简便易行的危房鉴定程序，规范对象认定程序，建立危房台账并实施精准管理，改造一户、销档一户，确保完成建档立卡贫困户等 4 类重点对象危房改造任务。明确农村危房改造基本安全要求，保证正常使用安全和基本使用功能。因地制宜推广农房加固改造，在危房改造任务较重的省份开展农房加固改造示范，结合地方实际推广现代生土农房等改良型传统民居，鼓励通过闲置农房置换或长期租赁等方式，兜底解决特殊贫困群体基本住房安全问题。落实各级补助资金，完善分类分级补助标准。加强补助资金使用管理和监督检查，支付给农户的资金要及时足额直接拨付到户。建立完善危房改造信息公示制度。

（八）强化综合保障性扶贫

统筹各类保障措施，建立以社会保险、社会救助、社会福利制度为主体，以社会帮扶、社工助力为辅助的综合保障体系，为完全丧失劳动能力和部分丧失劳动能力且无法依靠产业就业帮扶脱贫的贫困人口提供兜底保障。完善城乡居民基本养老保险制度，对符合条件的贫困人口由地方政府代缴城乡居民养老保险费。继续实施社会服务兜底工程，加快建设为老年人、残疾人、精神障碍患者等特殊群体提供服务的设施。鼓励各地通过互助养老、设立孝善基金等途径，创新家庭养老方式。加快建立贫困家庭“三留守”关爱服务体系，落实家庭赡养、监护照料法定义务，探索建立信息台账和定期探访制度。完善农村低保制度，健全低保对象认定方法，将完全丧失劳动能力和部分丧失劳动能力且无法依靠产业就业帮扶脱贫的贫困人口纳入低保范围。对地广人稀的贫困地区适度降低国家救灾应急响应启动条件。加大临时救助力度，及时将符合条件的返贫人口纳入救助范围。

（九）开展贫困残疾人脱贫行动

将符合条件的建档立卡贫困残疾人纳入农村低保和城乡医疗救助范围。完善困难残疾人生活补贴和重度残疾人护理补贴制度，有条件的地方逐步扩大政策覆盖面。深入实施“福康工程”等残疾人精准康复服务项目，优先为贫困家庭有康复需求的残疾人提供基本康复服务和辅助器具适配服务。对16周岁以上有长期照料护理需求的贫困重度残疾人，符合特困人员救助供养条件的纳入特困人员救助供养；不符合救助供养条件的，鼓励地方通过政府补贴、购买服务、设立公益岗位、集中托养等多种方式，为贫困重度残疾人提供集中照料或日间照料、邻里照护服务。逐步推进农村贫困重度残疾人家庭无障碍改造。实施第二期特殊教育提升计划，帮助贫困家庭残疾儿童多种形式接受义务教育，加快发展非义务教育阶段特殊教育。资产收益扶贫项目要优先安排贫困残疾人家庭。

（十）开展扶贫扶志行动

加强教育引导，开展扶志教育活动，创办脱贫攻坚“农民夜校”“讲习所”等，加强思想、文化、道德、法律、感恩教育，弘扬自尊、自爱、自强精神，防止政策养懒汉、助长不劳而获和“等靠要”等不良习气。加大以工代赈实施力度，动员更多贫困群众投工投劳。推广以表现换积分、以积分换物品的“爱心公益超市”等自助式帮扶做法，实现社会爱心捐赠与贫困群众个性化需求的精准对接。鼓励各地总结推广脱贫典型，宣传表彰自强不息、自力更生脱贫致富的先进事迹和先进典型，用身边人身边事示范带动贫困群众。大力开展移风易俗活动，选树一批文明村镇和星级文明户，推广“星级评比”等做法，引导贫困村修订完善村规民约，发挥村民议事会、道德评议会、红白理事会、禁毒禁赌会等群众组织作用，坚持自治、法治、德治相结合，教育引导贫困群众弘扬传统美德、树立文明新风。加强对高额彩礼、薄养厚葬、子女不赡养老人等问题的专项治理。深入推进文化扶贫工作，提升贫困群众的公共文化服务获得感。把扶贫领域诚信纳入国家信用监管体系，将不履行赡养义务、虚报冒领扶贫资金、严重违反公序良俗等行为人列入失信人员名单。

四、加快补齐贫困地区基础设施短板

（一）加快实施交通扶贫行动

在贫困地区加快建成外通内联、通村畅乡、客车到村、安全便捷的交通运输网络。尽快实现具备条件的乡镇、建制村通硬化路。以示范县为载体，推进贫困地区“四好农村路”建设。扩大农村客运覆盖范围，到2020年实现具备条件的建制村通客车目标。加快贫困地区农村公路安全生命防护工程建设，基本完成乡道及以上行政等级公路安全隐患治理。推进窄路基路面农村公路合理加宽改造和危桥改造。改造建设一批贫困乡村旅游路、产业路、资源路，优先改善自然人文、少数民族特色村寨和风情小镇等旅游景点景区交通设施。加大成品油税费改革转移支付用于贫困地区农村公路养护力度。推进国家铁路网、国家高速公路网连接贫困地区项目建设，加快贫困地区普通国省道改造和支线机场、通用机场、内河航道建设。

（二）大力推进水利扶贫行动

加快实施贫困地区农村饮水安全巩固提升工程，落实工程建设和管护责任，强化水源保护和水质保障，因地制宜加强供水工程建设与改造，显著提高农村集中供水率、自来水普及率、供水保证率和水质达标率，到2020年全面解决贫困人口饮水安全问题。加快贫困地区大中型灌区续建配套与节水改造、小型农田水利工程建设，实现灌溉水源、灌排骨干工程与田间工程协调配套。切实加强贫困地区防洪工程建设和运行管理。继续推进贫困地区水土保持和水生态建设工程。

（三）大力实施电力和网络扶贫行动

实施贫困地区农网改造升级，加强电力基础设施建设，建立贫困地区电力普遍服务监测评价体系，引导电网企业做好贫困地区农村电力建设管理和供电服务，到2020年实现大电网延伸覆盖至全部县城。大力推进贫困地区农村可再生能源开发利用。

深入实施网络扶贫行动，统筹推进网络覆盖、农村电商、网络扶智、信息服务、网络公益5大工程向纵深发展，创新"互联网+"扶贫模式。完善电信普遍服务补偿机制，引导基础电信企业加大投资力度，实现90%以上贫困村宽带网络覆盖。鼓励基础电信企业针对贫困地区和贫困群众推出资费优惠举措，鼓励企业开发有助精准脱贫的移动应用软件、智能终端。

（四）大力推进贫困地区农村人居环境整治

开展贫困地区农村人居环境整治三年行动，因地制宜确定贫困地区村庄人居环境整治目标，重点推进农村生活垃圾治理、卫生厕所改造。开展贫困地区农村生活垃圾治理专项行动，有条件的地方探索建立村庄保洁制度。因地制宜普及不同类型的卫生厕所，同步开展厕所粪污治理。有条件的地方逐步开展生活污水治理。加快推进通村组道路建设，基本解决村内道路泥泞、村民出行不便等问题。

五、加强精准脱贫攻坚行动支撑保障

（一）强化财政投入保障

坚持增加政府扶贫投入与提高资金使用效益并重，健全与脱贫攻坚任务相适应的投入保障机制，支持贫困地区围绕现行脱贫目标，尽快补齐脱贫攻坚短板。加大财政专项扶贫资金和教育、医疗保障等转移支付支持力度。规范扶贫领域融资，增强扶贫投入能力，疏堵并举防范化解扶贫领域融资风险。进一步加强资金整合，赋予贫困县更充分的资源配置权，确保整合资金围绕脱贫攻坚项目精准使用，提高使用效率和效益。全面加强各类扶贫资金项目绩效管理，落实资金使用者的绩效主体责任，明确绩效目标，加强执行监控，强化评价结果运用，提高扶贫资金使用效益。建立县级脱贫攻坚项目库，健全公告公示制度。加强扶贫资金项目常态化监管，强化主管部门监管责任，确保扶贫资金尤其是到户到人的资金落到实处。

（二）加大金融扶贫支持力度

加强扶贫再贷款使用管理，优化运用扶贫再贷款发放贷款定价机制，引导金融机构合理合规增加对带动贫困户就业的企业和贫困户生产经营的信贷投放。加强金融精准扶贫服务。支持国家开发银行和中国农业发展银行进一步发挥好扶贫金融事业部的作用，支持中国农业银行、中国邮政储蓄银行、农村信用社、村镇银行等金融机构增加扶贫信贷投放，推动大中型商业银行完善普惠金融事业部体制机制。创新产业扶贫信贷产品和模式，建立健全金融支持产业发展与带动贫困户脱贫的挂钩机制和扶持政策。规范扶贫小额信贷发放，在风险可控前提下可办理无还本续贷业务，对确因非主观因素不能到期偿还贷款的贫困户可协助其办理贷款展期业务。加强扶贫信贷风险防范，支持贫困地区完善风险补偿机制。推进贫困地区信用体系建设。支持贫困地区金融服务站建设，推广电子支付方式，逐步实现基础金融服务不出村。支持贫困地区开发特色农业险种，开展扶贫小额贷款保证保险等业务，探索发展价格保险、产值保险、“保险+期货”等新型险种。扩大贫困地区涉农保险保障范围，开发物流仓储、设施农业、“互联网+”等险种。鼓励上市公司、证券公司等市场主体依法依规设立或参与市场化运作的贫困地区产业投资基金和扶贫公益基金。贫困地区企业首次公开发行股票、在全国中小企业股份转让系统挂牌、发行公司债券等按规定实行“绿色通道”政策。

（三）加强土地政策支持

支持贫困地区编制村级土地利用规划，挖掘土地优化利用脱贫的潜力。贫困地区建设用地符合土地利用总体规划修改条件的，按规定及时审查批复。新增建设用地计划、增减挂钩节余指标调剂计划、工矿废弃地复垦利用计划向贫困地区倾斜。脱贫攻坚期内，国家每年对集中连片特困地区、国家扶贫开发工作重点县专项安排一定数量新增建设用地计划。贫困地区建设用地增减挂钩节余指标和工矿废弃地复垦利用节余指标，允许在省域内调剂使用。建立土地整治和高标准农田建设等新增耕地指标跨省域调剂机制。贫困地区符合条件的补充和改造耕地项目，优先用于跨省域补充耕地国家统筹，所得收益通过支出预算用于支持脱贫攻坚。优先安排贫困地区土地整治项目和高标准农田建设补助资金，指导和督促贫困地区完善县级土地整治规划。

（四）实施人才和科技扶贫计划

深入实施边远贫困地区、边疆民族地区、革命老区人才支持计划，扩大急需紧缺专业技术人才选派培养规模。贫困地区在县乡公务员考试录用中，从大学生村官、“三支一扶”等人员中定向招录公务员，从贫困地区优秀村干部中招录乡镇公务员。

动员全社会科技力量投入脱贫攻坚主战场，开展科技精准帮扶行动。以县为单位建立产业扶贫技术专家组，各类涉农院校和科研院所组建产业扶贫技术团队，重点为贫困村、贫困户提供技术服务。支持有条件的贫困县建设农业科技园和星创天地等载体，展示和推广农业先进科技成果。在贫困地区全面实施农技推广特聘计划，从农村乡土专家、种养能手等一线服务人员招聘一批特聘农技员，由县级政府聘为贫困村科技扶贫带头人。加强贫困村创业致富带头人培育培养，提升创业项目带贫减贫效果。建立科技特派员与贫困村结对服务关系，实现科技特派员对贫困村科技服务和创业带动全覆盖。

六、动员全社会力量参与脱贫攻坚

（一）加大东西部扶贫协作和对口支援力度

把人才支持、市场对接、劳务协作、资金支持等作为协作重点，深化东西部扶贫协作，推进携手奔小康行动贫困县全覆盖，并向贫困村延伸。强化东西部扶贫协作责任落实，加强组织协调、工作指导和督导检查，建立扶贫协作台账制度，每年对账考核。优化结对协作关系，实化细化县之间、乡镇之间、行政村之间结对帮扶措施，推广“闽宁示范村”模式。突出产业帮扶，鼓励合作建设承接产业转移的基地，引导企业精准结对帮扶。突出劳务协作，有组织地开展人岗对接，提高协作规模和质量。突出人才支援，加大力度推进干部双向挂职、人才双向交流，提高干部人才支持和培训培养精准性。突出资金支持，切实加强资金监管，确保东西部扶贫协作资金精准使用。将帮扶贫困残疾人脱贫纳入东西部扶贫协作范围。

实施好“十三五”对口支援新疆、西藏和四省藏区经济社会发展规划，严格落实中央确定的80%以上资金用于保障和改善民生、用于县及县以下基层的要求，进一步聚焦脱贫攻坚的重点和难点，确保更多资金、项目和工作精力投向贫困人口。

（二）深入开展定点扶贫工作

落实定点扶贫工作责任，把定点扶贫县脱贫工作纳入本单位工作重点，加强工作力量，出台具体帮扶措施。定点扶贫单位主要负责同志要承担第一责任人职责，定期研究帮扶工作。强化定点扶贫牵头单位责任。加强对定点扶贫县脱贫攻坚工作指导，督促落实脱贫主体责任。把定点扶贫县作为转变作风、调查研究的基地，通过解剖麻雀，总结定点扶贫县脱贫经验，完善本部门扶贫政策，推动脱贫攻坚工作。选派优秀中青年干部、后备干部到贫困地区挂职，落实艰苦地区挂职干部生活补助政策。

（三）扎实做好军队帮扶工作

加强军地脱贫攻坚工作协调，驻地部队要积极承担帮扶任务，参与扶贫行动，广泛开展扶贫济困活动。接续做好“八一爱民学校”援建工作，组织开展多种形式的结对助学活动。组织军队系统医院对口帮扶贫困县县级医院，深入贫困村送医送药、巡诊治病。帮助革命老区加强红色资源开发，培育壮大红色旅游产业，带动贫困人口脱贫。帮助培育退役军人和民兵预备役人员脱贫致富带头人。

（四）激励各类企业、社会组织扶贫

落实国有企业精准扶贫责任，通过发展产业、对接市场、安置就业等多种方式帮助贫困户脱贫。深入推进“万企帮万村”精准扶贫行动，引导民营企业积极开展产业扶贫、就业扶贫、公益扶贫，鼓励有条件的大型民营企业通过设立扶贫产业投资基金等方式参与脱贫攻坚。持续开展“光彩行”活动，提高精准扶贫成效。

支持社会组织参与脱贫攻坚，加快建立社会组织帮扶项目与贫困地区需求信息对接机制，确保贫困人口发展需求与社会帮扶有效

对接。鼓励引导社会各界使用贫困地区产品和服务，推动贫困地区和贫困户融入大市场。实施全国性社会组织参与“三区三州”深度贫困地区脱贫攻坚行动。实施社会工作“专业人才服务三区计划”“服务机构牵手计划”“教育对口扶贫计划”，为贫困人口提供生计发展、能力提升、心理支持等专业服务。加强对社会组织扶贫的引导和管理，优化环境、整合力量、创新方式，提高扶贫效能。落实社会扶贫资金所得税税前扣除政策。

（五）大力开展扶贫志愿服务活动

动员组织各类志愿服务团队、社会各界爱心人士开展扶贫志愿服务。实施社会工作专业人才服务贫困地区系列行动计划，支持引导专业社会工作和志愿服务力量积极参与精准扶贫。推进扶贫志愿服务制度化，建立扶贫志愿服务人员库，鼓励国家机关、企事业单位、人民团体、社会组织等组建常态化、专业化服务团队。制定落实扶贫志愿服务支持政策。

七、夯实精准扶贫精准脱贫基础性工作

（一）强化扶贫信息的精准和共享

进一步加强建档立卡工作，提高精准识别质量，完善动态管理机制，做到“脱贫即出、返贫即入”。剔除不合条件的人口，及时纳入符合条件但遗漏在外的贫困人口和返贫人口，确保应扶尽扶。抓紧完善扶贫开发大数据平台，通过端口对接、数据交换等方式，实现户籍、教育、健康、就业、社会保险、住房、银行、农村低保、残疾人等信息与贫困人口建档立卡信息有效对接。完善贫困人口统计监测体系，为脱贫攻坚提供科学依据。加强贫困人口建档立卡数据和农村贫困统计监测数据衔接，逐步形成指标统一、项目规范的贫困监测体系。强化扶贫开发大数据平台共享使用，拓展扶贫数据系统服务功能，为脱贫攻坚决策和工作指导等提供可靠手段和

支撑。建立脱贫成效巩固提升监测机制，对脱贫户实施跟踪和动态监测，及时了解其生产生活情况。按照国家信息安全标准构建扶贫开发信息安全防护体系，确保系统和数据安全。开展建档立卡专项评估检查。

（二）健全贫困退出机制

严格执行贫困退出标准和程序，规范贫困县、贫困村、贫困人口退出组织实施工作。指导地方修订完善扶贫工作考核评估指标和贫困县验收指标，对超出“两不愁、三保障”标准的指标，予以剔除或不作为硬性指标，取消行业部门与扶贫无关的搭车任务。改进贫困县退出专项评估检查，由各省（自治区、直辖市）统一组织，因地制宜制订符合贫困地区实际的检查方案，并对退出贫困县的质量负责。中央结合脱贫攻坚督查巡查工作，对贫困县退出进行抽查。脱贫攻坚期内扶贫政策保持稳定，贫困县、贫困村、贫困户退出后，相关政策保持一段时间。

（三）开展国家脱贫攻坚普查

2020—2021 年年初对脱贫摘帽县进行一次普查，全面了解贫困人口脱贫实现情况。普查工作由国务院统一部署实施，重点围绕脱贫结果的真实性和准确性，调查贫困人口“两不愁、三保障”实现情况、获得帮扶情况、贫困人口参与脱贫攻坚项目情况等。地方各级党委和政府要认真配合做好普查工作。

八、加强和改善党对脱贫攻坚工作的领导

（一）进一步落实脱贫攻坚责任制

强化中央统筹、省负总责、市县抓落实的工作机制。中央统筹，重在做好顶层设计，在政策、资金等方面为地方创造条件，加强脱贫效果监管；省负总责，重在把党中央大政方针转化为实施方案，加强指导和督导，促进工作落实；市县抓落实，重在从当地实

际出发推动脱贫攻坚各项政策措施落地生根。各级党委和政府要把打赢脱贫攻坚战作为重大政治任务，增强政治担当、责任担当和行动自觉，层层传导压力，建立落实台账，压实脱贫责任，加大问责问效力度。健全脱贫攻坚工作机制，脱贫攻坚任务重的省（自治区、直辖市）党委和政府每季度至少专题研究一次脱贫攻坚工作，贫困县党委和政府每月至少专题研究一次脱贫攻坚工作。贫困县党政正职每个月至少要有 5 个工作日用于扶贫。实施五级书记遍访贫困对象行动，省（自治区、直辖市）党委书记遍访贫困县，市（地、州、盟）党委书记遍访脱贫攻坚任务重的乡镇，县（市、区、旗）党委书记遍访贫困村，乡镇党委书记和村党组织书记遍访贫困户。以遍访贫困对象行动带头转变作风，接地气、查实情，了解贫困群体实际需求，掌握第一手资料，发现突出矛盾，解决突出问题。

（二）压实中央部门扶贫责任

党中央、国务院各相关部门单位要按照中央脱贫攻坚系列重大决策部署要求制定完善配套政策举措，实化细化三年行动方案，并抓好组织实施工作。国务院扶贫开发领导小组要分解落实各地区脱贫目标任务，实化细化脱贫具体举措，分解到年、落实到人。国务院扶贫开发领导小组成员单位每年向中央报告本部门本单位脱贫攻坚工作情况。脱贫攻坚期内，国务院扶贫开发领导小组成员以及部门扶贫干部、定点扶贫干部要按政策规定保持稳定，不能胜任的要及时调整。

（三）完善脱贫攻坚考核监督评估机制

进一步完善扶贫考核评估工作，充分体现省负总责原则，切实解决基层疲于迎评迎检问题。改进对省级党委和政府扶贫开发工作成效第三方评估方式，缩小范围，简化程序，精简内容，重点评估“两不愁、三保障”实现情况，提高考核评估质量和水平。改进省市两级对县及县以下扶贫工作考核，原则上每年对县的考核不超过2次，加强对县委书记的工作考核，注重发挥考核的正向激励作用。未经省里批准，市级以下不得开展第三方评估。改进约谈省级领导的方式，开展常态化约谈，随时发现问题随时约谈。完善监督机制，国务院扶贫开发领导小组每年组织脱贫攻坚督查巡查，纪检监察机关和审计、扶贫等部门按照职能开展监督工作。充分发挥人大、政协、民主党派监督作用。

（四）建强贫困村党组织

深入推进抓党建促脱贫攻坚，全面强化贫困地区农村基层党组织领导核心地位，切实提升贫困村党组织的组织力。防止封建家族势力、地方黑恶势力、违法违规宗教活动侵蚀基层政权，干扰破坏村务。大力整顿贫困村软弱涣散党组织，以县为单位组织摸排，逐村分析研判，坚决撤换不胜任、不合格、不尽职的村党组织书记。重点从外出务工经商创业人员、大学生村官、本村致富能手中选配，本村没有合适人员的，从县乡机关公职人员中派任。建立健全回引本土大学生、高校培养培训、县乡统筹招聘机制，为每个贫困村储备1~2名后备干部。加大在贫困村青年农民、外出务工青年中发展党员力度。支持党员创办领办脱贫致富项目，完善贫困村党员结对帮扶机制。全面落实贫困村“两委”联席会议、“四议两公开”和村务监督等工作制度。派强用好第一书记和驻村工作队，从县以上党政机关选派过硬的优秀干部参加驻村帮扶。加强考核和工作指导，对不适应的及时召回调整。派出单位要严格落实项目、资金、责任捆绑要求，加大保障支持力度。强化贫困地区农村基层党建工作责任落实，将抓党建促脱贫攻坚情况作为县乡党委书记抓基层党建工作述职评议考核的重点内容。对不够重视贫困村党组织建设、措施不力的地方，上级党组织要及时约谈提醒相关责任人，后果严重的要问责追责。

（五）培养锻炼过硬的脱贫攻坚干部队伍

保持贫困县党政正职稳定，确需调整的，必须符合中央规定，对于不能胜任的要及时撤换，对于弄虚作假的要坚决问责。实施全国脱贫攻坚全面培训，落实分级培训责任，保证贫困地区主要负责同志和扶贫系统干部轮训一遍。对县级以上领导干部，重点是通过培训提高思想认识，引导树立正确政绩观，掌握精准脱贫方法论，提升研究攻坚问题、解决攻坚难题能力。对基层干部，重点是通过采取案例教学、现场教学等实战培训方法，提高实战能力，增强精准扶贫工作本领。加大对贫困村干部培训力度，每年对村党组织书记集中轮训一次，突出需求导向和实战化训练，着重提高落实党的扶贫政策、团结带领贫困群众脱贫致富的本领。加强对扶贫挂职干部跟踪管理和具体指导，采取“挂包结合”等方式，落实保障支持措施，激励干部人在心在、履职尽责。加强对脱贫一线干部的关爱激励，注重在脱贫攻坚一线考察识别干部，对如期完成任务且表现突出的贫困县党政正职应予以重用，对在脱贫攻坚中工作出色、表现优秀的扶贫干部、基层干部注重提拔使用。对奋战在脱贫攻坚一线的县乡干部要落实好津补贴、周转房等政策，改善工作条件。对在脱贫攻坚中因公牺牲的干部和基层党员的家属及时给予抚恤，长期帮扶慰问。全面落实贫困村干部报酬待遇和正常离任村干部生活补贴。

（六）营造良好舆论氛围

深入宣传习近平总书记关于扶贫工作的重要论述，宣传党中央关于精准扶贫精准脱贫的重大决策部署，宣传脱贫攻坚典型经验，宣传脱贫攻坚取得的伟大成就，为打赢脱贫攻坚战注入强大精神动力。组织广播电视、报刊杂志等媒体推出一批脱贫攻坚重点新闻报道。积极利用网站、微博、微信、移动客户端等新媒体平台开展宣传推广。推出一批反映扶贫脱贫感人事迹的优秀文艺作品，加大扶贫题材文化产品和服务的供给。继续开展全国脱贫攻坚奖和全国脱贫攻坚模范评选表彰，选树脱贫攻坚先进典型。按程序设立脱贫攻坚组织创新奖，鼓励各地从实际出发开展脱贫攻坚工作创新。每年组织报告团，分区域巡回宣讲脱贫先进典型。讲好中国脱贫攻坚故事，反映中国为全球减贫事业作出的重大贡献。加强减贫领域国际交流与合作，帮助受援国建好国际扶贫示范村，为全球减贫事业贡献中国方案。适时对脱贫攻坚精神进行总结。

（七）开展扶贫领域腐败和作风问题专项治理

把作风建设贯穿脱贫攻坚全过程，集中力量解决扶贫领域“四个意识”不强、责任落实不到位、工作措施不精准、资金管理使用不规范、工作作风不扎实、考核评估不严不实等突出问题，确保取得明显成效。改进调查研究，深入基层、深入群众，多层次、多方位、多渠道调查了解实际情况，注重发现并解决问题，力戒“走过场”。注重工作实效，减轻基层工作负担，减少村级填表报数，精简会议文件，让基层干部把精力放在办实事上。严格扶贫资金审计，加强扶贫事务公开。严肃查处贪污挪用、截留私分、虚报冒领、强占掠夺等行为。依纪依法坚决查处贯彻党中央脱贫攻坚决策部署不坚决不到位、弄虚作假问题，主体责任、监督责任和职能部门监管职责不落实问题，坚决纠正脱贫攻坚工作中的形式主义、官僚主义。把扶贫领域腐败和作风问题作为巡视巡察工作重点。中央巡视机构组织开展扶贫领域专项巡视。加强警示教育工作，集中曝光各级纪检监察机关查处的扶贫领域典型案例。

（八）做好脱贫攻坚风险防范工作

防范产业扶贫市场风险，防止产业项目盲目跟风、一刀切导致失败造成损失，各地要对扶贫主导产业面临的技术和市场等风险进行评估，制定防范和处置风险的应对措施。防范扶贫小额贷款还贷风险，纠正户贷企用、违规用款等问题。防范加重地方政府债务风险，防止地方政府以脱贫攻坚名义盲目举债，防止金融机构借支持脱贫攻坚名义违法违规提供融资，坚决遏制地方政府隐性债务增量。

（九）统筹衔接脱贫攻坚与乡村振兴

脱贫攻坚期内，贫困地区乡村振兴主要任务是脱贫攻坚。乡村振兴相关支持政策要优先向贫困地区倾斜，补齐基础设施和基本公共服务短板，以乡村振兴巩固脱贫成果。抓紧研究制定 2020 年后减贫战略。研究推进扶贫开发立法。

主要参考文献

高健龙，高建伟. 2019. 精准扶贫方法与路径［M］. 北京：中国农业出版社.

刘年艳. 2018. 中国乡村振兴理论与实践［M］. 北京：人民出版社.

全国妇联妇女发展部，农业农村部科技教育司，中国农学会组. 2019. 扶贫惠农政策与法规百问百答：插图版［M］. 北京：中国农业出版社.

万广华，史清华，等. 2019. 中国扶贫理论研究［M］. 北京：中国农业出版社.

魏后凯，吴大华. 2019. 精准脱贫与乡村振兴的理论和实践［M］. 北京：社会科学文献出版社.

尤元文，闫鑫. 2016. 脱贫攻坚政策与实践［M］. 北京：中共中央党校出版社.